junie b. jones®

파티광 주니 B. 존스

by BARBARA PARK

illustrated by
Denise Brunkus

CONTENTS

세상에서 가장 엉뚱하고 재미있는 아이, 주니 B. 존스의 좌충우돌 성장기!

『주니 B. 존스(Junie B. Jones)』 시리즈는 호기심 많은 개구쟁이 소녀 주니 B.가 일상에서 마주하는 다양한 상황을 재치 있게 담고 있습니다. 주니 B.는 언제나 자신의 감정을 솔직하게 표현하며, 재미있는 생각이 떠오르면 주저없이 실행에 옮기는 적극적인 여섯 살 소녀입니다. 이렇게 유쾌하고 재기 발랄한 주니 B. 존스의 성장기는 지금까지 전 세계적으로 6천 5백만 부 이상 판매되며 수많은 독자들에게 사랑받았고, 연극과 뮤지컬로 제작되기도 했습니다.

저자 바바라 파크(Barbara Park)는 첫 등교, 친구 관계, 동생에 대한 고민 등과 같이 일상 속 다양한 상황에서 아이들이 느끼는 감정을 그들의 시선으로 탁월하게 묘사했습니다. 특히 아이들이 영어로 말할 때 저지르기 쉬운 실수도 자연스럽게 녹여 내어, 이야기에 더욱 공감하게 합니다.

이러한 이유로 『주니 B. 존스』 시리즈는 '엄마표 영어'를 진행하는 부모님과 초보 영어 학습자에게 반드시 읽어야 할 영어원서로 자리 잡았습니다. 친근한 어휘와 쉬운 문장으로 쓰여 있어 더욱 몰입하여 읽을 수 있는 『주니 B. 존스』 시리즈는 영어원서가 친숙하지 않은 학습자들에게도 즐거운 원서 읽기 경험을 선사할 것입니다.

퀴즈와 단어장, 그리고 번역까지 담긴 알찬 구성의 워크북!

이 책은 영어원서 『주니 B. 존스』 시리즈에, 탁월한 학습 효과를 거둘 수 있도록 다양한 콘텐츠를 덧붙인 책입니다.
- 영어원서: 본문에 나온 어려운 어휘에 볼드 처리가 되어 있어 단어를 더욱 분명히 인지하며 자연스럽게 암기하게 됩니다.
- 단어장: 원서에 나온 어려운 어휘가 '한영'은 물론 '영영' 의미까지 완벽하게 정리되어 있으며, 반복되는 단어까지 표시하여 자연스럽게 복습이 되도록 구성했습니다.
- 번역: 영어와 비교할 수 있도록 직역에 가까운 번역을 담았습니다. 원서 읽기에 익숙하지 않은 초보 학습자도 어려움 없이 내용을 파악할 수 있습니다.
- 퀴즈: 챕터별로 내용을 확인하는 이해력 점검 퀴즈가 들어 있습니다.

『주니 B. 존스』, 이렇게 읽어 보세요!

● **단어 암기는 이렇게!** 처음 리딩을 시작하기 전, 해당 챕터에 나오는 단어를 눈으로 쭉 훑어봅니다. 모르는 단어는 좀 더 주의 깊게 보되, 손으로 쓰면서 완벽하게 암기할 필요는 없습니다. 본문을 읽으면서 이 단어를 다시 만나게 되는데, 그 과정에서 단어의 쓰임새와 어감을 자연스럽게 익히게 됩니다. 이렇게 책을 읽은 후에, 단어를 다시 한번 복습하세요. 복습할 때는 중요하다고 생각하는 단어들을 손으로 쓰면서 꼼꼼하게 외우는 것도 좋습니다. 이런 방식으로 책을 읽다 보면, 많은 단어를 빠르고 부담 없이 익히게 됩니다.

● **리딩할 때는 리딩에만 집중하자!** 원서를 읽는 중간중간 모르는 단어가 나온다고 워크북을 들춰 보거나, 곧바로 번역을 찾아보는 것은 매우 좋지 않은 습관입니다. 모르는 단어나 이해가 가지 않는 문장이 나온다고 해도 펜으로 가볍게 표시만 해 두고, 전체적인 맥락을 잡아 가며 빠르게 읽어 나가세요. 리딩을 할 때는 속도에 대한 긴장감을 잃지 않으면서 리딩에만 집중하는 것이 좋습니다. 모르는 단어와 문장은, 리딩이 끝난 후에 한꺼번에 정리하는 '리뷰' 시간을 통해 점검합니다. 리뷰를 할 때는 번역은 물론 단어장과 사전도 꼼꼼하게 확인하면서 왜 이해가 되지 않았는지 확인해 봅니다.

● **번역 활용은 이렇게!** 이해가 가지 않는 문장은 번역을 통해서 그 의미를 파악할 수 있습니다. 하지만 한국어와 영어는 정확히 1:1 대응이 되지 않기 때문에 번역을 활용하는 데에도 지혜가 필요합니다. 의역이 된 부분까지 억지로 의미를 대응해서 암기하려고 하기보다, 어떻게 그런 의미가 만들어진 것인지 추측하면서 번역은 참고 자료로 활용하는 것이 좋습니다.

● **2~3번 반복해서 읽자!** 영어 초보자라면 2~3회 반복해서 읽을 것을 추천합니다. 초보자일수록 처음 읽을 때는 생소한 단어와 스토리 때문에 내용 파악에 급급할 수밖에 없습니다. 하지만 일단 내용을 파악한 후에 다시 읽으면 어휘와 문장 구조 등 다른 부분까지 관찰하면서 조금 더 깊이 있게 읽을 수 있고, 그 과정에서 리딩 속도도 빨라지고 리딩 실력을 더 확고하게 다지게 됩니다.

● '시리즈'로 꾸준히 읽자! 한 작가의 책을 시리즈로 읽는 것 또한 영어 실력 향상에 큰 도움이 됩니다. 같은 등장인물이 다시 나오기 때문에 내용 파악이 더 수월할 뿐 아니라, 작가가 사용하는 어휘와 표현들도 자연스럽게 반복되기 때문에 탁월한 복습 효과까지 얻을 수 있습니다. 『주니 B. 존스』 시리즈는 현재 10권, 총 64,568단어 분량이 출간되어 있습니다. 시리즈를 꾸준히 읽다 보면 영어 실력도 자연스럽게 향상될 것입니다.

영어원서 본문 구성

내용이 담긴 본문입니다.
원어민이 읽는 일반 원서와 같은 텍스트지만, 암기해야 할 중요 어휘는 볼드체로 표시되어 있습니다. 이 어휘들은 지금 들고 계신 워크북에 챕터별로 정리되어 있습니다.

학습 심리학 연구 결과에 따르면, 한 단어씩 따로 외우는 단어 암기는 거의 효과가 없다고 합니다. 대신 단어를 제대로 외우기 위해서는 문맥(Context) 속에서 단어를 암기해야 하며, 한 단어 당 문맥 속에서 15번 이상 마주칠 때 완벽하게 암기할 수 있다고 합니다.

이 책의 본문은 중요 어휘를 볼드로 강조하여, 문맥 속의 단어들을 더 확실히 인지(Word Cognition in Context)하도록 돕고 있습니다. 또한 대부분의 중요한 단어는 다른 챕터에서도 반복해서 등장하기 때문에 이 책을 읽는 것만으로도 자연스럽게 어휘력을 향상시킬 수 있습니다.

또한 본문에는 내용 이해를 돕기 위해 '각주'가 첨가되어 있습니다. 각주는 굳이 암기할 필요는 없지만, 알아 두면 내용을 더 깊이 있게 이해할 수 있어 원서를 읽는 재미가 배가됩니다.

JUNIE B. JONES

워크북(Workbook)의 구성

Check Your Reading Speed
해당 챕터의 단어 수가 기록되어 있어, 리딩 속도를 측정할 수 있습니다. 특히 리딩 속도를 중시하는 독자는 유용하게 사용할 수 있습니다.

Build Your Vocabulary
본문에 볼드 표시되어 있는 단어가 정리되어 있습니다. 리딩 전, 후에 반복해서 보면 원서를 더욱 쉽게 읽을 수 있고, 어휘력도 빠르게 향상됩니다.

단어는 〈빈도 – 스펠링 – 발음기호 – 품사 – 한국어 뜻 – 영어 뜻〉 순서로 표기되어 있으며 빈도 표시(★)가 많을수록 필수 어휘입니다. 반복해서 등장하는 단어는 빈도 대신 '복습'으로 표기되어 있습니다. 품사는 아래와 같이 표기했습니다.

n. 명사 | a. 형용사 | ad. 부사 | v. 동사
conj. 접속사 | prep. 전치사 | int. 감탄사 | idiom 숙어 및 관용구

Comprehension Quiz
간단한 퀴즈를 통해 읽은 내용에 대한 이해력을 점검해 볼 수 있습니다.

번역
영문과 비교할 수 있도록 최대한 직역에 가까운 번역을 담았습니다.

이 책의 수준과 타깃 독자

- **미국 원어민 기준**: 유치원 ~ 초등학교 저학년
- **한국 학습자 기준**: 초등학교 저학년 ~ 중학생
- **영어원서 완독 경험이 없는 초보 영어 학습자** (토익 기준 450~750점대)
- **비슷한 수준의 다른 챕터북**: Arthur Chapter Book, Flat Stanley, The Zack Files, Magic Tree House, Marvin Redpost
- **도서 분량**: 약 6,000단어

아이도 어른도 재미있게 읽는 영어원서를
〈롱테일 에디션〉으로 만나 보세요!

아서 챕터북 시리즈

플랫 스탠리 시리즈

Chapter
1

1. What did Junie B. try to do on the bus?

A. Save a seat for Lucille

B. Ignore Lucille's car

C. Race Lucille to school

D. Get Lucille's attention

2. What did Junie B. say about Lucille's nanna?

A. She lived in a small house with Lucille.

B. She lived alone in a giant house.

C. She lived in a big house with Lucille's family.

D. She just bought a new house for Lucille's family.

3. What did Junie B. and Grace think of their own nannas?

A. They had very normal lives.

B. They owned fancy homes.

C. They lived too far away.

D. They liked to travel a lot.

4. Why did Lucille get mad at Junie B.?

A. She was mean to Lucille's nanna.

B. She called Lucille's nanna "Nanna."

C. She entered the car without permission.

D. She put her cheek on the car seat.

5. What did Junie B. suggest?

A. She and Grace could visit the nanna's house.

B. She and Grace could ride in the nanna's car.

C. The nanna could teach her and Grace how to be darling.

D. The nanna could try to be friends with Junie B. and Grace.

Check Your Reading Speed

1분에 몇 단어를 읽는지 리딩 속도를 측정해 보세요.

$$\frac{656 \text{ words}}{\text{reading time (\quad) sec}} \times 60 = (\qquad) \text{ WPM}$$

Build Your Vocabulary

nanna [nǽnə] n. 할머니; 유모
Some people refer to their grandmother as their nan or nanna.

stand for idiom 나타내다; 옹호하다
If one or more letters stand for a word or name, they are the first letter or letters of that word or name and they represent it.

‡ except [iksépt] conj. ~이지만, ~라는 점만 제외하면; prep. ~ 외에는; v. 제외하다
You can use except to introduce a statement that makes what you have just said seem less true or less possible.

that's all idiom 그게 다이다, 그뿐이다
You can say 'that's all' at the end of a sentence when you say that there is nothing more involved than what you have mentioned.

‡ ride [raid] v. (말·차량 등을) 타다; n. (말·차량 등을) 타고 달리기
When you ride a vehicle such as a car, you travel in it, especially as a passenger.

kindergarten [kíndərgà:rtn] n. 유치원
A kindergarten is a school or class for children aged 4 to 6 years old. It prepares them to go into the first grade.

‡ exact [igzǽkt] a. 정확한; 꼼꼼한, 빈틈없는 (**exactly** ad. 정확히, 꼭)
You use exactly before an amount, number, or position to emphasize that it is no more, no less, or no different from what you are stating.

zoom [zu:m] v. 쌩 하고 가다; 급등하다; n. (빠르게) 쌩 하고 지나가는 소리
If you zoom somewhere, you go there very quickly.

⁎ **scream** [skri:m] v. 소리 지르다; 비명을 지르다, 괴성을 지르다; n. 비명, 절규
When someone screams, they shout something in a loud, high voice.

⁎ **bang** [bæŋ] v. 쾅 하고 치다; 쾅 하고 닫다; 쿵 하고 찧다; n. 쾅 (하는 소리); 쿵 하고 찧음
If you bang on something or if you bang it, you hit it hard, making a loud noise.

⁑ **speed** [spi:d] v. 더 빠르게 하다; 빨리 가다; 속도위반하다; n. 속도
When something speeds up or when you speed it up, it moves or travels faster.

⁑ **smooth** [smu:ð] v. 매끈하게 하다, 반듯하게 펴다; a. 매끈한; 부드러운; (소리가) 감미로운
If you smooth something, you move your hands over its surface to make it smooth and flat.

⁎ **apparent** [əpǽrənt] a. ~인 것처럼 보이는; 분명한 (apparently ad. 보기에)
You use apparently when something seems clear or obvious, according to appearances.

⁎ **giant** [dʒáiənt] a. 거대한, 엄청나게 큰; 비범한; n. 거인
Something that is described as giant is extremely large, strong, powerful, or important.

⁑ **million** [míljən] a. 수많은; 100만의; n. 100만
If you talk about a million people or things, you mean that there is a very large number of them.

⁎ **entire** [intáiər] a. 전체의, 완전한, 온전한
You use entire when you want to emphasize that you are referring to the whole of something, for example, the whole of a place, time, or population.

⁑ **plain** [plein] a. 평범한; 분명한; 솔직한; ad. 분명히, 완전히
If you describe someone or something as plain, you emphasize that they are very ordinary, not special in any way.

regular [régjulər] a. 일반적인, 평범한; 규칙적인; n. 단골손님, 고정 고객
Regular is used to mean 'normal.'

that's it idiom 그것이 전부이다; 다 끝났다; 바로 그것이다; 그만해라
You use 'that's it' to indicate that nothing more needs to be done or that the end has been reached.

sigh [sai] n. 한숨; v. 한숨을 쉬다, 한숨짓다; 탄식하듯 말하다
A sigh is a slow breath out that makes a long soft sound, especially because you are disappointed, tired, annoyed, or relaxed.

glum [glʌm] a. 침울한
Someone who is glum is sad and quiet because they are disappointed or unhappy about something.

loser [lú:zər] n. 실패자, 패배자; (경쟁에서) 패자
If you refer to someone as a loser, you have a low opinion of them because you think they are incompetent or unable to succeed.

parking lot [páːrkiŋ lat] n. 주차장
A parking lot is an area of ground where people can leave their cars.

speedy [spíːdi] a. 빠른, 신속한
A speedy process, event, or action happens or is done very quickly.

stick [stik] v. (sticked/stuck-sticked/stuck) 집어넣다; 찌르다; 붙이다, 들러붙다; n. 막대기
If you stick something somewhere, you put it in a place, especially quickly or carelessly.

harm [haːrm] v. 해치다; 해를 끼치다, 손상시키다; n. 해, 피해, 손해
To harm a person or animal means to cause them physical injury, usually on purpose.

rub [rʌb] v. (손·손수건 등을 대고) 문지르다; (두 손 등을) 맞비비다; n. 문지르기, 비비기
If you rub something on something else, you make it press against that thing and move it around.

velvety [vélviti] a. 벨벳 같은, 아주 부드러운
If you describe something as velvety, you mean that it is pleasantly soft to touch and has the appearance or quality of velvet.

⁑**interior** [intíəriər] n. 내부; a. 내부의
The interior of something is the inside part of it.

⁑**cheek** [ʧiːk] n. 뺨, 볼; 엉덩이
Your cheeks are the sides of your face below your eyes.

grouchy [gráuʧi] a. 불평이 많은, 잘 투덜거리는, 성난
If someone is grouchy, they are very bad-tempered and complain a lot.

⁎**darling** [dáːrliŋ] a. (대단히) 사랑하는; 굉장히 멋진; n. 여보, 자기, 얘야; 사랑하는 사람
Some people use darling to describe someone or something that they love or like very much.

back off idiom (위협·귀찮게 하기 등을) 그만두다; 뒤로 물러나다
If you tell someone to back off, you are telling them to stop threatening, criticizing, or annoying you.

hoot [huːt] n. 폭소; 비웃음; 경적소리; v. 폭소를 터뜨리다; (경적을) 빵빵거리다
A hoot means a shout or laugh that shows you think something is funny or stupid.

⁑**friendly** [fréndli] a. (행동이) 친절한; 우호적인; 사용하기 편한
If someone is friendly, they behave in a pleasant, kind way, and like to be with other people.

Chapter
2

1. **How did Lucille feel in class?**

    A. She did not want to be around Junie B.

    B. She did not want to do any work.

    C. She wanted Junie B. to be nice to her.

    D. She wanted to forgive Junie B.

2. **What did Junie B. think about conservation?**

    A. It was a fun way of thinking.

    B. It was something that she did every day.

    C. It was a hard word to understand.

    D. It was something that anyone could do.

3. **What was the real reason that Lucille was upset?**

    A. She did not have any fun with her nanna.

    B. She did not have a regular nanna.

    C. She could not bring her dog in her nanna's car.

    D. She could not convince her nanna to buy a dog.

4. **What was NOT part of Junie B.'s idea?**

    A. She and Grace would visit Lucille's house.

    B. She and Grace would take their dogs to Lucille's house.

    C. She and Grace would stay overnight at Lucille's house.

    D. She and Grace would beg Lucille's nanna for a dog.

5. **What made the plan even better?**

    A. Lucille's brother would be able to help.

    B. Lucille's nanna loved having new visitors.

    C. Lucille's parents would not be home.

    D. Lucille was already having a party on Saturday.

Check Your Reading Speed
1분에 몇 단어를 읽는지 리딩 속도를 측정해 보세요.

$$\frac{820 \text{ words}}{\text{reading time (} \quad \text{) sec}} \times 60 = (\quad) \text{ wPM}$$

Build Your Vocabulary

⚘ **pleasant** [plézənt] a. 상냥한, 예의 바른; 즐거운, 기분 좋은
A pleasant person is friendly and polite.

scoot [sku:t] v. 휙 움직이다; 서둘러 가다
If you scoot someone or something, you make them move a short distance by pulling or pushing.

⚘ **collar** [kálər] n. (윗옷의) 칼라, 깃; (개 등의) 목걸이
The collar of a shirt or coat is the part which fits round the neck and is usually folded over.

⁎ **shiny** [ʃáini] a. 빛나는, 반짝거리는
Shiny things are bright and reflect light.

roundish [ráundiʃ] a. 둥그스름한, 약간 둥근
Something roundish is somewhat round.

beady [bíːdi] a. 구슬 같은, 구슬로 장식한; 반짝거리는, 반짝반짝 빛나는
Something beady is resembling or covered with small, round, and shiny beads.

⁎ **tickle** [tikl] v. 간지럼을 태우다; 간질간질하다; 재미있게 하다; n. (장난으로) 간지럽히기
When you tickle someone, you move your fingers lightly over a sensitive part of their body, often in order to make them laugh.

* **chin** [ʧin] n. 턱
Your chin is the part of your face that is below your mouth and above your neck.

복습 **friendly** [fréndli] a. (행동이) 친절한; 우호적인; 사용하기 편한
If someone is friendly, they behave in a pleasant, kind way, and like to be with other people.

* **swing** [swiŋ] v. (swung-swung) (전후·좌우로) 흔들다, 흔들리다; 휘두르다; n. 흔들기; 그네
If something swings or if you swing it, it moves repeatedly backward and forward or from side to side from a fixed point.

** **spring** [spriŋ] v. (sprang/sprung-sprung) 뛰어오르다; 튀다; n. 생기, 활기; 봄
When a person or animal springs, they jump upward or forward suddenly or quickly.

holler [hálər] v. 소리 지르다, 고함치다; n. 고함, 외침
If you holler, you shout loudly.

복습 **speedy** [spí:di] a. 빠른, 신속한
A speedy process, event, or action happens or is done very quickly.

복습 **that's all** idiom 그게 다이다, 그뿐이다
You can say 'that's all' at the end of a sentence when you say that there is nothing more involved than what you have mentioned.

loudish [láudiʃ] a. 약간 소리가 큰, 떠들썩한
Something loudish is somewhat loud.

* **conservation** [kànsərvéiʃən] n. 보호; 보존
Conservation is saving and protecting the environment, historical objects or works of art.

* **conversation** [kànvərséiʃən] n. 대화
If you have a conversation with someone, you talk with them, usually in an informal situation.

tap [tæp] v. (가볍게) 톡톡 두드리다; n. (가볍게) 두드리기
If you tap something, you hit it with a quick light blow or a series of quick light blows.

all of a sudden idiom 갑자기
If something happens all of a sudden, it happens quickly and unexpectedly.

apparent [əpǽrənt] a. ~인 것처럼 보이는; 분명한 (apparently ad. 보기에)
You use apparently when something seems clear or obvious, according to appearances.

proud [praud] a. 자랑스러워하는, 자랑스러운; 오만한, 거만한
If you feel proud, you feel pleased about something good that you possess or have done, or about something good that a person close to you has done.

stare [stɛər] v. 빤히 쳐다보다, 응시하다; n. 빤히 쳐다보기, 응시
If you stare at someone or something, you look at them for a long time.

vacation [veikéiʃən] n. 휴가, 방학; v. 휴가를 얻다
A vacation is a period of time during which you relax and enjoy yourself away from home.

recess [risés] n. (학교의) 쉬는 시간; (의회·위원회 등의) 휴회 기간
A recess is a short period of time during the school day when children can play.

chase [ʧeis] v. 뒤쫓다, 추적하다; 추구하다; n. 추적, 추격; 추구함
If you chase someone, or chase after them, you run after them or follow them quickly in order to catch or reach them.

surround [səráund] v. 둘러싸다, 에워싸다
If a person or thing is surrounded by something, that thing is situated all around them.

growly [gráuli] a. 으르렁거리는; 화를 잘 내는
If you make a growly sound, you make a low noise in your throat like a dog or other animal.

stamp [stæmp] v. (발을) 구르다; 쾅쾅거리며 걷다; (도장 등을) 찍다; n. (발을) 쿵쾅거리기; 도장
If you stamp or stamp your foot, you lift your foot and put it down very hard on the ground, for example because you are angry.

ruin [rúːin] v. 엉망으로 만들다; 폐허로 만들다; n. 붕괴, 몰락; 파멸
To ruin something means to severely harm, damage, or spoil it.

beg [beg] v. 간청하다, 애원하다; 구걸하다
If you beg someone to do something, you ask them very anxiously or eagerly to do it.

nanna [nǽnə] n. 할머니; 유모
Some people refer to their grandmother as their nan or nanna.

backseat [bǽksíːt] n. (차량의) 뒷자리
Backseat is a seat at the back of a vehicle.

huffy [hʌ́fi] a. 발끈 성내는, 홱 토라진
Someone who is huffy is obviously annoyed or offended about something.

fault [fɔːlt] n. 잘못, 책임; 결점
If a bad or undesirable situation is your fault, you caused it or are responsible for it.

glum [glʌm] a. 침울한
Someone who is glum is sad and quiet because they are disappointed or unhappy about something.

hang one's head idiom 부끄러워 고개를 숙이다
If you hang your head, you look downward because you feel ashamed.

regular [régjulər] a. 일반적인, 평범한; 규칙적인; n. 단골손님, 고정 고객
Regular is used to mean 'normal'.

dud [dʌd] n. 쓸모없는 사람, 못 쓰는 것; a. 못 쓰는, 제대로 작동하지 않는
If you describe someone or something as a dud, you mean that they fail to do what they are expected to do or are trying to do.

‡**upset** [ʌpsét] a. 속상한, 마음이 상한, 당황한; v. 속상하게 하다
If you are upset, you are very disturbed, sad, worried, or angry because
something unpleasant has happened to you.

⁎**pop** [pap] v. 불쑥 나타나다; 눈이 휘둥그레지다; 펑 하는 소리가 나다; n. 펑 (하는 소리)
If something pops, it appears suddenly, especially when not expected.

복습**entire** [intáiər] a. 전체의, 완전한, 온전한
You use entire when you want to emphasize that you are referring to
the whole of something, for example, the whole of a place, time, or
population.

⁎**clap** [klæp] v. 박수를 치다; (갑자기·재빨리) 놓다; n. 박수; 쿵 하는 소리
When you clap, you hit your hands together, for example to get someone's
attention or because you are happy.

⁎**thrill** [θril] v. 열광시키다, 정말 신나게 하다; n. 흥분, 설렘; 전율 (thrilled a. 아주 신이 난)
If someone is thrilled, they are extremely pleased about something.

‡**available** [əvéiləbl] a. 시간이 있는; 이용할 수 있는
Someone who is available is not busy and is therefore free to talk to you
or to do a particular task.

⁎**hurray** [həréi] int. 만세
People sometimes shout 'Hurray!' when they are very happy and excited
about something.

work out idiom (일이) 잘 풀리다; 운동하다
If a situation works out well or works out, it happens or progresses in
a satisfactory way.

‡**positive** [pázətiv] a. 분명한; 확신하는; 긍정적인 (positively ad. 분명히)
You use positively to emphasize that you really mean what you are
saying.

‡**interrupt** [intərʌ́pt] v. (말·행동을) 방해하다; 중단시키다 (interruption n. 방해)
An interruption is the action of stopping someone when they are
speaking.

★**outfit** [áutfìt] n. 팀, 조직; 한 벌의 옷, 복장; 장비; v. (복장·장비를) 갖추어 주다
You can refer to an organization as an outfit.

★**skip** [skip] v. 깡충깡충 뛰다; (일을) 거르다; 생략하다; n. 깡충깡충 뛰기
If you skip along, you move almost as if you are dancing, with a series
of little jumps from one foot to the other.

high five [hài fáiv] n. 하이 파이브
If you give someone a high five, you put your hand up and hit their open
hand with yours, especially after a victory or as a greeting.

Chapter
3

1. Why did Junie B. run into Ollie's room?

   A. She was looking for her parents.

   B. She was going to bring Ollie to her friend's house.

   C. She was excited about Saturday night.

   D. She was on the phone with Lucille's nanna.

2. What did Junie B.'s mom say about Ollie's room?

   A. Junie B. should knock before she went in there.

   B. Junie B. should not go in there unless it was important.

   C. Junie B. should not go in there when Ollie was sleeping.

   D. Junie B. should be quiet when she went in there.

3. **What did Junie B.'s mom first say about spending the night at Lucille's?**
   A. She would let Junie B. decide whether or not to go.
   B. She might stay with Junie B. at the house.
   C. She thought that it would be a great experience for Junie B.
   D. She and Junie B.'s father would discuss it together.

4. **What did Junie B. do when her dad got home?**
   A. She promised to be good.
   B. She promised to have fun.
   C. She promised to hug him forever.
   D. She promised to tell him everything about Lucille's house.

5. **What kind of rules did Junie B. have to follow?**
   A. Rules about her clothing
   B. Rules about her behavior
   C. Rules about eating healthy
   D. Rules about keeping secrets

$$\frac{577 \text{ words}}{\text{reading time (\quad) sec}} \times 60 = (\qquad) \text{ WPM}$$

Build Your Vocabulary

✲✲rule [ru:l] n. 규칙, 규정; 지배, 통치; v. 지배하다, 통치하다
Rules are instructions that tell you what you are allowed to do and what you are not allowed to do.

✲zoom [zu:m] v. 쌩 하고 가다; 급등하다; n. (빠르게) 쌩 하고 지나가는 소리
If you zoom somewhere, you go there very quickly.

swish [swiʃ] v. 휙 소리를 내며 움직이게 하다, 휙 소리를 내며 움직이다; n. 휙 하는 소리
If something swishes or if you swish it, it moves quickly through the air, making a soft sound.

✲pleasant [plézənt] a. 즐거운, 기분 좋은; 상냥한, 예의바른
Something that is pleasant is nice, enjoyable, or attractive.

✲ brush [brʌʃ] v. (솔이나 손으로) 털다; 솔질을 하다; (붓을 이용하여) 바르다; n. 붓; 솔
If you brush something somewhere, you remove it with quick light movements of your hands.

✲million [míljən] n. 100만; a. 100만의; 수많은
A million or one million is the number 1,000,000.

bazillion [bəzíljən] n. 방대한 수
A bazillion is a very large number.

ballpark [bɔ́:lpà:rk] a. 대략적인; n. 어림짐작; 야구장 (ballpark figure n. 어림수)
A ballpark figure is a number or amount that is not exact but should be near the correct number or amount.

‡figure [fígjər] n. 수치; 숫자; (중요한) 인물; 사람; 모습; v. 생각하다; 중요하다
A figure is a particular amount expressed as a number, especially in official information.

＊glare [glɛər] v. 노려보다; 환하다, 눈부시다; n. 노려봄; 환한 빛, 눈부심
If you glare at someone, you look at them with an angry expression on your face.

＊rock [rak] v. 흔들다, 흔들리다; n. 바위; 돌멩이
When something rocks or when you rock it, it moves slowly and regularly backward and forward or from side to side.

back and forth idiom 앞뒤로; 좌우로; 여기저기에, 왔다 갔다
If someone moves back and forth, they repeatedly move in one direction and then in the opposite direction.

make up idiom (이야기 등을) 만들어 내다; ~을 이루다
If you make up something, you invent something, such as an excuse or a story, often in order to deceive.

get off one's back idiom ~를 괴롭히는 일을 그만두다
If you get off someone's back, you stop annoying someone, for example by criticizing them, or asking them to do something.

‡insurance [inʃúərəns] n. 보험
Insurance is an arrangement in which you pay money to a company, and they pay money to you if something unpleasant happens to you.

복습tap [tæp] v. (가볍게) 톡톡 두드리다; n. (가볍게) 두드리기
If you tap something, you hit it with a quick light blow or a series of quick light blows.

‡besides [bisáidz] ad. 게다가, 뿐만 아니라; prep. ~외에
Besides is used to emphasize an additional point that you are making, especially one that you consider to be important.

talk over idiom ~에 대해 이야기를 나누다, 의논하다
If you talk something over with someone, you discuss it carefully and completely, especially in order to reach an agreement or make a decision.

✲ hug [hʌg] v. 끌어안다; 껴안다, 포옹하다; n. 포옹
If you hug something, you hold it close to your body with your arms tightly round it.

복습 all of a sudden idiom 갑자기
If something happens all of a sudden, it happens quickly and unexpectedly.

✲ whisper [hwíspər] v. 속삭이다, 소곤거리다; n. 속삭임, 소곤거리는 소리
When you whisper, you say something very quietly, using your breath rather than your throat, so that only one person can hear you.

✲ hall [hɔːl] n. (건물 내의) 복도, 통로; (크고 넓은) 방, 홀, 회관
A hall in a building is a long passage with doors into rooms on both sides of it.

✲ grab [græb] v. (와락·단단히) 붙잡다; 급히 ~하다; n. 와락 잡아채려고 함
If you grab someone or something, you take or hold them with your hand suddenly, firmly, or roughly.

✲ eyebrow [áibràu] n. 눈썹
Your eyebrows are the lines of hair which grow above your eyes.

✲ involve [inválv] v. 수반하다, 포함하다; 관련시키다, 연루시키다
The things involved in something such as a job or system are the necessary parts or consequences of it.

✲ bend [bend] v. (bent-bent) (몸·머리를) 굽히다, 숙이다; 구부리다; n. (도로·강의) 굽이, 굽은 곳
When you bend, you move the top part of your body downward and forward.

squeal [skwiːl] v. 꽤액 소리를 지르다; 일러바치다; n. 끼익 하는 소리
If someone or something squeals, they make a long, high-pitched sound.

복습 holler [hálər] v. 소리 지르다, 고함치다; n. 고함, 외침
If you holler, you shout loudly.

snoop [snuːp] v. 기웃거리다, 염탐하다; n. 염탐꾼; 염탐
If someone snoops around a place, they secretly look around it in order to find out things.

spy [spai] v. 염탐하다; 보다, 알아채다; n. 스파이, 정보원
If you spy on someone, you watch them secretly.

argue [á:rgju:] v. 다투다, 언쟁을 하다; 주장하다
If people argue, they speak to each other in an angry way because they disagree.

cheat [tʃi:t] v. (시험·경기 등에서) 부정행위를 하다; 속이다, 사기 치다; n. 사기꾼; 속임수
If someone cheats, they behave dishonestly, or to not obey rules, for example in order to win a game or do well in an examination.

grump [grʌmp] v. 투덜거리다, 불평하다; n. 성격이 나쁜 사람
If you grump, you complain about something.

fib [fib] v. (사소한) 거짓말을 하다; n. (사소한) 거짓말
If someone is fibbing, they are telling lies.

tickle [tikl] v. 간지럼을 태우다; 간질간질하다; 재미있게 하다; n. (장난으로) 간지럽히기
When you tickle someone, you move your fingers lightly over a sensitive part of their body, often in order to make them laugh.

absolute [ǽbsəlù:t] a. 절대적인; 완전한, 완벽한 (absolutely ad. 절대로, 전혀)
Absolutely means totally and completely. You use absolutely to emphasize something.

head-butt [héd-bʌt] v. (머리로) 들이받다, 박치기를 하다
If you head-butt someone, you hit them with the top of your head.

sigh [sai] n. 한숨; v. 한숨을 쉬다, 한숨짓다; 탄식하듯 말하다
A sigh is a slow breath out that makes a long soft sound, especially because you are disappointed, tired, annoyed, or relaxed.

ruffle [rʌfl] v. 헝클다; (마음을) 산란하게 하다; n. 주름 장식
If you ruffle someone's hair, you move your hand backward and forward through it as a way of showing your affection toward them.

deal [di:l] n. 거래, 합의; 대우, 처리; v. 거래하다, 처리하다
A deal is an informal arrangement that you have with someone that gives you advantages or disadvantages.

^복_습 **cheek** [tʃiːk] n. 뺨, 볼; 엉덩이
Your cheeks are the sides of your face below your eyes.

Chapter
4

1. **Why did Junie B. cut holes in a plastic bag?**

   A. So that she could put more things in it

   B. So that she could see all of her things in it

   C. So that her stuffed elephant could breathe

   D. So that her slippers would not smell

2. **What did Junie B.'s mother think about packing for Lucille's?**

   A. Junie B. should ask Lucille what to pack.

   B. Junie B. should not bring a lot of stuff.

   C. Junie B. should pack extra stuff.

   D. Junie B. should keep her stuff neat.

3. Why couldn't Junie B. go to Lucille's right away?

A. Lucille's nanna was going to come get her.

B. Lucille would not be home until later.

C. Her mother was too busy to drive her yet.

D. There was something wrong with her family's car.

4. What did Junie B. do while she waited?

A. She followed her mom around the house.

B. She played outside with her brother.

C. She sat in front of her house.

D. She watched TV for hours.

5. What did she do when Lucille's nanna arrived?

A. She hugged her parents for a long time.

B. She showed her friends what she had packed.

C. She told everyone that it was past three o'clock.

D. She greeted Lucille's nanna with lots of energy.

Check Your Reading Speed

1분에 몇 단어를 읽는지 리딩 속도를 측정해 보세요.

$$\frac{741 \ words}{reading \ time \ (\qquad) \ sec} \times 60 = (\qquad) \ WPM$$

Build Your Vocabulary

★**pack** [pæk] v. (짐을) 싸다; 가득 채우다; n. 무리, 집단; 묶음
When you pack a bag, you put clothes and other things into it, because you are leaving a place or going on holiday.

복습 **giant** [dʒáiənt] a. 거대한, 엄청나게 큰; 비범한; n. 거인
Something that is described as giant is extremely large, strong, powerful, or important.

★**pillow** [pílou] n. 베개
A pillow is a rectangular cushion which you rest your head on when you are in bed.

★**pajamas** [pədʒáːməz] n. (바지와 상의로 된) 잠옷
A pair of pajamas consists of loose trousers and a loose jacket that people wear in bed.

★**robe** [roub] n. (= bathrobe) 목욕 가운; 길고 헐거운 겉옷; 예복
A bathrobe is a loose piece of clothing made of the same material as towels. You wear it before or after you have a bath or a swim.

★**slipper** [slípər] n. (pl.) 실내화
Slippers are loose, soft shoes that you wear at home.

★**blanket** [blǽŋkit] n. 담요, 모포; v. (완전히) 뒤덮다
A blanket is a large square or rectangular piece of thick cloth, especially one which you put on a bed to keep you warm.

✿ sheet [ʃi:t] n. (침대) 시트; (종이) 한 장; 넓게 퍼져 있는 것
A sheet is a large rectangular piece of cotton or other cloth that you sleep on or cover yourself with in a bed.

✿ attractive [ətræktiv] a. 멋진; 매력적인; 마음을 끄는
Something that is attractive has a pleasant appearance or sound.

✻ rug [rʌg] n. (작은 카펫같이 생긴) 깔개 (throw rug n. 작은 깔개)
A throw rug is a small piece of thick material for covering floor.

✻ stuff [stʌf] v. 채워 넣다; 쑤셔 넣다; n. 것, 물건, 일 (stuffed a. (솜 등으로) 속을 채운)
Stuffed animals are toys that are made of cloth filled with a soft material and which look like animals.

be supposed to idiom ~하기로 되어 있다
If you are supposed to do something, you are expected or required to do it according to a rule, a custom or an arrangement.

suffocate [sʌ́fəkèit] v. 질식사하다, 질식사하게 하다; (날씨가) 숨이 막히다
If someone suffocates or is suffocated, they die because there is no air for them to breathe.

✿ upset [ʌpsét] a. 당황한, 속상한, 마음이 상한; v. 속상하게 하다
If you are upset, you are very disturbed, sad, worried, or angry because something unpleasant has happened to you.

✻ sniff [snif] v. 냄새를 맡다; 코를 훌쩍이다; n. 냄새 맡기; 콧방귀 뀌기
If you sniff something or sniff at it, you smell it by taking air in through your nose.

✿ pet [pet] v. (다정하게) 어루만지다, 쓰다듬다; n. 반려동물
If you pet a person or animal, you touch them in an affectionate way.

✻ trunk [trʌŋk] n. (코끼리의) 코; 나무의 몸통
An elephant's trunk is its very long nose that it uses to lift food and water to its mouth.

family room [fǽməli ru:m] n. 가족 공동 방, 거실; (호텔에서 3~4인) 가족실
A family room in a house is a room where a family relaxes, watches television and plays games.

* **cartoon** [ka:rtúːn] n. 만화 영화, 만화
A cartoon is a film or TV show, especially for children, that is made by photographing a series of drawings so that people and things in them seem to move.

hall [hɔːl] n. (건물 내의) 복도, 통로; (크고 넓은) 방, 홀, 회관
A hall in a building is a long passage with doors into rooms on both sides of it.

teeny [tíːni] a. 아주 작은
If you describe something as teeny, you are emphasizing that it is very small.

* **suitcase** [súːtkeis] n. 여행 가방
A suitcase is a box or bag with a handle and a hard frame in which you carry your clothes when you are traveling.

* **shelf** [ʃelf] n. 선반; 책꽂이, (책장의) 칸
A shelf is a flat piece of wood, plastic, metal, or glass that is attached to the wall or is part of a piece of furniture, used for putting things on.

* **toothbrush** [túθbrəʃ] n. 칫솔
A toothbrush is a small brush that you use for cleaning your teeth.

sleeping bag [slíːpiŋ bæg] n. 침낭
A sleeping bag is a warm bag that you sleep in, especially when camping.

* **closet** [klázit] n. 벽장
A closet is a piece of furniture with doors at the front and shelves inside, which is used for storing things.

be all set idiom 준비가 되어 있다
If you are all set to do something, you are ready to do it or are likely to do it.

^복_습spring [spriŋ] v. (sprang/sprung-sprung) 뛰어오르다; 튀다; n. 생기, 활기; 봄
When a person or animal springs, they jump upward or forward suddenly or quickly.

✻joyful [dʒɔ́ifəl] a. 아주 기뻐하는; 기쁜
Someone who is joyful is extremely happy.

^복_습grab [græb] v. (와락·단단히) 붙잡다; 급히 ~하다; n. 와락 잡아채려고 함
If you grab someone or something, you take or hold them with your hand suddenly, firmly, or roughly.

✻drag [dræg] v. 끌다, 끌고 가다; 힘들게 움직이다; n. 끌기, 당기기; 장애물
If you drag something, you pull it along the ground, often with difficulty.

^복_습nanna [nǽnə] n. 할머니; 유모
Some people refer to their grandmother as their nan or nanna.

pick up idiom ~를 차에 태우러 가다; ~를 차에 태우다
If you pick someone up, you go and meet someone that you have arranged to take somewhere in a vehicle.

✻shoulder [ʃóuldər] n. 어깨; (옷의) 어깨 부분
Your shoulder is one of the two parts of your body between your neck and the top of your arms.

slump [slʌmp] v. 구부정하다; 털썩 앉다; 급감하다; 쇠퇴하다; n. 부진; 불황
If your shoulders or head slump or are slumped, they bend forward because you are unhappy, tired, or unconscious.

^복_습swing [swiŋ] v. (swung-swung) (전후·좌우로) 흔들다, 흔들리다; 휘두르다; n. 흔들기; 그네
If something swings or if you swing it, it moves repeatedly backward and forward or from side to side from a fixed point.

✻count [kaunt] v. (수를) 세다; 중요하다; 간주하다; 인정하다; n. 수치; 셈, 계산
To count means to say numbers in order, one by one, for example, to calculate the number of people or things in a group.

^복_습bazillion [bəzíljən] n. 방대한 수
A bazillion is a very large number.

driveway [dráivwèi] n. (주택의) 진입로
A driveway is a piece of hard ground that leads from the road to the front of a house or other building.

* **yell** [jel] v. 고함치다, 소리 지르다; n. 고함, 외침
If you yell, you shout loudly, usually because you are excited, angry, or in pain.

복습 **thrill** [θril] v. 열광시키다, 정말 신나게 하다; n. 흥분, 설렘; 전율 (thrilled a. 아주 신이 난)
If someone is thrilled, they are extremely pleased about something.

livelong [lívlɔ̀:ŋ] a. ~ 내내, (시간이) 긴
The livelong day means the whole length of the day.

‡ **extra** [ékstrə] a. 여분의; 추가의; 특별한; n. 추가되는 것; ad. 특별히
You use extra to describe an amount, person, or thing that is added to others of the same kind, or that can be added to others of the same kind.

* **leap** [li:p] v. (leapt-leapt) 뛰다, 뛰어오르다; (서둘러) ~하다; n. 높이뛰기, 도약; 급증
If you leap, you jump high in the air or jump a long distance.

복습 **backseat** [bæksí:t] n. (차량의) 뒷자리
Backseat is a seat at the back of a vehicle.

* **delightful** [diláitfəl] a. 정말 기분 좋은, 마음에 드는
If you describe something or someone as delightful, you mean they are very pleasant.

‡ **reach** [ri:ʧ] v. (손·팔을) 뻗다; ~에 이르다; n. (닿을 수 있는) 거리; 범위
If you reach somewhere, you move your arm and hand to take or touch something.

복습 **tickle** [tikl] v. 간지럼을 태우다; 간질간질하다; 재미있게 하다; n. (장난으로) 간지럽히기
When you tickle someone, you move your fingers lightly over a sensitive part of their body, often in order to make them laugh.

* **salute** [səlú:t] v. 경례를 하다; 경의를 표하다, 절하다; n. 거수 경례; 인사, 절
If you salute someone, you greet them or show your respect with a formal sign.

hilarious [hilέəriəs] a. 아주 우스운, 재미있는
If something is hilarious, it is extremely funny and makes you laugh a lot.

⋆ **bounce** [bauns] v. 깡충깡충 뛰다; 튀다; n. 튐, 튀어 오름; 탄력
If you bounce on a soft surface, you jump up and down on it repeatedly.

⋆ **accidental** [æksədéntl] a. 우연한, 돌발적인 (accidentally ad. 우연히, 뜻하지 않게)
An accidental event happens by chance or as the result of an accident, and is not deliberately intended.

복습 **bang** [bæŋ] v. 쿵 하고 찧다; 쾅 하고 치다; 쾅 하고 닫다; n. 쿵 하고 찧음; 쾅 (하는 소리)
If you bang a part of your body, you accidentally knock it against something and hurt yourself.

‡ **roof** [ru:f] n. 천장; 지붕; 지붕 모양의 물건; v. 지붕을 덮다
The roof of a car or other vehicle is the top over the passenger section of a vehicle.

⋆ **gasp** [gæsp] n. 헉 하는 소리를 냄; v. 헉 하고 숨을 쉬다; 숨을 제대로 못 쉬다
A gasp is a short quick breath of air that you take in through your mouth, especially when you are surprised, shocked, or in pain.

⋆ **pat** [pæt] v. 쓰다듬다, 토닥거리다; n. 쓰다듬기, 토닥거리기
If you pat something or someone, you tap them lightly, usually with your hand held flat.

faze [feiz] v. 당황시키다
If something fazes you, it surprises, shocks, or frightens you, so that you do not know what to do.

⋆ **buckle** [bʌkl] v. 버클로 잠그다; 찌그러지다; n. 버클, 잠금장치
When you buckle a belt or strap, you fasten it.

‡ **wave** [weiv] v. (손·팔을) 흔들다; 손짓하다; 흔들리다; n. (팔·손·몸을) 흔들기; 파도, 물결
If you wave or wave your hand, you move your hand from side to side in the air, usually in order to say hello or goodbye to someone.

Chapter
5

1. Why couldn't Lucille get a poodle?

A. She was too young to have a dog.

B. She already had a dog.

C. Her nanna did not like dogs.

D. Her nanna was allergic to dogs.

2. What was true about the house?

A. It used to be a castle.

B. It had many different rooms.

C. It looked almost empty.

D. It had paintings on every wall.

3. What did Lucille say about some of her things?

A. She used them every day.

B. She did not remember how she got them.

C. They should not be touched.

D. They could break easily.

4. Why did Lucille's nanna go to Lucille's room?

A. To give the girls clothes to play with

B. To check if the girls needed anything

C. To look for an old evening gown

D. To use the professional makeup mirror

5. What did Junie B. do with the feather boa?

A. She pretended to be Lucille's nanna.

B. She pretended to be Cinderella.

C. She pretended to be a fairy godmother.

D. She pretended to be a singer.

Check Your Reading Speed
1분에 몇 단어를 읽는지 리딩 속도를 측정해 보세요.

$$\frac{1,228 \ words}{reading \ time \ (\qquad) \ sec} \times 60 = (\qquad) \ WPM$$

Build Your Vocabulary

⋆ **ball** [bɔːl] n. 무도회; 공; v. 동그랗게 만들다
A ball is a large formal social event at which people dance.

복습 **whisper** [hwíspər] v. 속삭이다, 소곤거리다; n. 속삭임, 소곤거리는 소리
When you whisper, you say something very quietly, using your breath rather than your throat, so that only one person can hear you.

복습 **beg** [beg] v. 간청하다, 애원하다; 구걸하다
If you beg someone to do something, you ask them very anxiously or eagerly to do it.

⚹ **particular** [pərtíkjulər] a. 특정한; 특별한; 까다로운; n. 자세한 사실
You use particular to emphasize that you are talking about one thing or one kind of thing rather than other similar ones.

⋆ **poke** [pouk] v. (손가락 등으로) 쿡 찌르다; 쑥 내밀다; n. (손가락 등으로) 찌르기
If you poke someone or something, you quickly push them with your finger or with a sharp object.

복습 **sigh** [sai] n. 한숨; v. 한숨을 쉬다, 한숨짓다; 탄식하듯 말하다
A sigh is a slow breath out that makes a long soft sound, especially because you are disappointed, tired, annoyed, or relaxed.

복습 **apparent** [əpǽrənt] a. ~인 것처럼 보이는; 분명한 (apparently ad. 보기에)
You use apparently when something seems clear or obvious, according to appearances.

all the way idiom 완전히; 멀리, 모처럼; 내내, 시종
If you do something all the way, you do it totally and completely.

allergic [ələ́ːrdʒik] a. 알레르기가 있는; ~을 몹시 싫어하는
If you are allergic to something, you become ill or get a rash when you eat it, smell it, or touch it.

out of the question idiom 불가능한, 의논해 봐야 소용없는
If you say that something is out of the question, you are emphasizing that it is completely impossible or unacceptable.

pat [pæt] v. 쓰다듬다, 토닥거리다; n. 쓰다듬기, 토닥거리기
If you pat something or someone, you tap them lightly, usually with your hand held flat.

understanding [ʌ̀ndərstǽndiŋ] a. 이해심 있는; 이해력 있는
If you are understanding towards someone, you are kind and sympathetic because you understand how they feel.

frown [fraun] n. 찡그림, 찌푸림; v. 얼굴을 찡그리다; 눈살을 찌푸리다
A frown is an expression on your face when you move your eyebrows together because you are angry, unhappy, or confused.

firm [fəːrm] a. 단호한, 확고한; 딱딱한, 단단한
If you describe someone as firm, you mean they behave in a way that shows that they are not going to change their mind.

snappish [snǽpiʃ] a. 무뚝뚝한, 퉁명스러운; (개 등이) 무는 버릇이 있는
If someone is snappish, they speak to people in a sharp, unfriendly manner.

dumb [dʌm] a. 멍청한, 바보 같은; 말을 못 하는
If you say that something is dumb, you think that it is silly and annoying.

grouch [grauʃ] v. 불평하다; 토라지다; n. 불평; 불평꾼
To grouch means to complain a lot, often without good reason.

iron [áiərn] a. 철의, 철제의; 무쇠 같은; n. 철, 쇠; 철분
An iron object is made of a hard, heavy metal that is also used in many types of machine and building structures.

teeny [tí:ni] a. 아주 작은
If you describe something as teeny, you are emphasizing that it is very small.

silly [síli] a. 어리석은, 바보 같은; 우스꽝스러운; n. 바보
If you say that someone or something is silly, you mean that they are foolish, childish, or ridiculous.

driveway [dráivwèi] n. (주택의) 진입로
A driveway is a piece of hard ground that leads from the road to the front of a house or other building.

row [rou] n. 열, 줄; 노 젓기; v. 노를 젓다
A row of things or people is a number of them arranged in a line.

bowl [boul] n. (우묵한) 그릇, 통; 한 그릇(의 양)
A bowl is a round container with a wide uncovered top.

sparkly [spá:rkli] a. 반짝반짝 빛나는; 불꽃을 튀기는; 활기 있는
Sparkly things are shining with small points of reflected light.

ceiling [sí:liŋ] n. 천장
A ceiling is the horizontal surface that forms the top part or roof inside a room.

gasp [gæsp] n. 헉 하는 소리를 냄; v. 헉 하고 숨을 쉬다; 숨을 제대로 못 쉬다
A gasp is a short quick breath of air that you take in through your mouth, especially when you are surprised, shocked, or in pain.

glisten [glisn] v. 반짝이다, 번들거리다
If something glistens, it shines, usually because it is wet or oily.

take one's breath away idiom (너무 놀랍거나 아름다워서) 숨이 멎을 정도이다
If something takes someone's breath away, it is very surprising or beautiful.

^{복습} **skip** [skip] v. 깡충깡충 뛰다; (일을) 거르다; 생략하다; n. 깡충깡충 뛰기
If you skip along, you move almost as if you are dancing, with a series of little jumps from one foot to the other.

^{복습} **make up** idiom (이야기 등을) 만들어 내다; ~을 이루다
If you make up something, you produce a new story, song, game by thinking.

^{복습} **family room** [fǽməli ruːm] n. 가족 공동 방, 거실; (호텔에서 3~4인) 가족실
A family room in a house is a room where a family relaxes, watches television and plays games.

[*] **tub** [tʌb] n. 목욕통, 욕조; 통
A tub or a bathtub is a long, usually rectangular container that you fill with water and sit in to wash your body.

[*] **gym** [dʒim] n. 체육관
A gym is a club, building, or large room, usually containing special equipment, where people go to do physical exercise and get fit.

[*] **fancy** [fǽnsi] a. 고급의; 화려한; 복잡한; v. 생각하다, 상상하다
If you describe something as fancy, you mean that it is very expensive or of very high quality.

[*] **bunch** [bʌntʃ] n. (양·수가) 많음; 다발, 송이, 묶음
A bunch of things is a number of things, especially a large number.

frilly [fríli] a. 주름장식이 많은
Frilly items of clothing or fabric have a lot of folds on them.

^{복습} **roof** [ruːf] n. 지붕 모양의 물건; 지붕; 천장; v. 지붕을 덮다
A roof is the structure that covers or forms the top of a building, vehicle, or tent.

[*] **match** [mætʃ] v. 어울리다; 일치하다; 연결시키다; 맞먹다; n. 성냥; 경기, 시합
If two things match, or if one thing matches another, they have the same color, pattern, or style and therefore look attractive together.

bedspread [bédsprèd] n. (장식용) 침대보
A bedspread is a decorative cover which is put over a bed, on top of the sheets and blankets.

rug [rʌg] n. (작은 카펫같이 생긴) 깔개
A rug is a piece of thick material that you put on a floor.

wallpaper [wɔ́lpèipər] n. 벽지; v. 벽지를 바르다
Wallpaper is thick colored or patterned paper that is used for covering and decorating the walls of rooms.

notice [nóutis] v. 알아채다, 인지하다; 주의하다; n. 신경씀, 주목, 알아챔
If you notice something or someone, you become aware of them.

stuff [stʌf] v. 채워 넣다; 쑤셔 넣다; n. 것, 물건, 일 (stuffed animal n. 봉제 인형)
Stuffed animals are toys that are made of cloth filled with a soft material and which look like animals.

pop [pap] v. 눈이 휘둥그레지다; 불쑥 나타나다; 펑 하는 소리가 나다; n. 펑 (하는 소리)
If your eyes pop or pop out, they suddenly open fully because you are surprised or excited.

giraffe [dʒərǽf] n. [동물] 기린
A giraffe is a large African animal with a very long neck, long legs, and dark patches on its body.

fortune [fɔ́:rʃən] n. 큰 돈; 재산; 운, 행운
You can refer to a large sum of money as a fortune.

disappoint [dìsəpɔ́int] v. 실망시키다; 좌절시키다 (disappointed a. 실망한)
If you are disappointed, you are sad because something has not happened or because something is not as good as you had hoped.

smooth [smu:ð] v. 매끈하게 하다, 반듯하게 펴다; a. 매끈한; 부드러운; (소리가) 감미로운
If you smooth something, you move your hands over its surface to make it smooth and flat.

material [mətíəriəl] n. 천, 직물; 재료; 자료; 소재; a. 물질적인; 중요한
Material is cloth used for making clothes or curtains.

soil [sɔil] v. 더럽히다; n. 토양, 흙; 국가, 국토, 땅
If you soil something, you make it dirty.

dresser [drésər] n. 화장대; 서랍장
A dresser is a piece of furniture with drawers for storing clothes,
sometimes with a mirror on top.

⁎**press** [pres] v. 누르다; 꾹 밀어 넣다; (무엇에) 바짝 대다; n. 언론
If you press something or press down on it, you push hard against it
with your foot or hand.

복습**million** [míljən] n. 100만; a. 100만의; 수많은
A million or one million is the number 1,000,000.

⁎**professional** [prəféʃənl] a. 전문적인; 능숙한; 직업상 적합한; n. 전문가
Professional means relating to a person's work, especially work that
requires special training.

⁎**makeup** [méikəp] n. 분장, 화장; 조립, 구성
Makeup means an application of cosmetics such as lipstick, eye shadow,
and powder which some women put on their faces to make themselves
look more attractive.

복습**stick** [stik] v. (sticked/stuck-sticked/stuck) 찌르다; 집어넣다; 붙이다, 들러붙다; n. 막대기
(stick out idiom 내밀다; 튀어나오다)
If you stick out part of your body, you extend it away from your body.

⁎**tongue** [tʌŋ] n. 혀; 말버릇
Your tongue is the soft movable part inside your mouth which you use
for tasting, eating, and speaking.

⁎⁎**still** [stil] a. 가만히 있는, 고요한, 정지한; ad. 아직; 그럼에도 불구하고; v. 고요해지다
If you stay still, you stay in the same position and do not move.

dress-up [drés-ʌ̀p] n. 변장 (놀이)
Dress-up clothes are special clothes which children put on to pretend
that they are someone else for fun.

* **gown** [gaun] n. 드레스; 가운, 학위복 (evening gown n. (여성용) 야회복)
An evening gown is a special dress, usually a long one, that a woman wears to a formal occasion in the evening.

as old as the hills idiom 아주 오래된
If something is as old as the hills, it means that it is very old.

* **stun** [stʌn] v. 깜짝 놀라게 하다; 어리벙벙하게 하다; 기절시키다 (stunning a. 굉장히 아름다운)
A stunning person or thing is extremely beautiful or impressive.

복습 **speedy** [spíːdi] a. 빠른, 신속한
A speedy process, event, or action happens or is done very quickly.

* **shove** [ʃʌv] v. (거칠게) 밀치다; 아무렇게나 놓다; n. 힘껏 떠밂
If you shove someone or something, you push them in a rough way.

* **fairy** [féəri] n. 요정
A fairy is an imaginary creature with magic powers that looks like a small person with wings.

복습 **yell** [jel] v. 고함치다, 소리 지르다; n. 고함, 외침
If you yell, you shout loudly, usually because you are excited, angry, or in pain.

복습 **huffy** [hʌfi] a. 발끈 성내는, 홱 토라진
Someone who is huffy is obviously annoyed or offended about something.

stepsister [stépsistər] n. 의붓자매, 이복자매
Someone's stepsister is not their parent's daughter but the daughter of the person their parent has married.

복습 **bend** [bend] v. (bent-bent) (몸·머리를) 굽히다, 숙이다; 구부리다; n. (도로·강의) 굽이, 굽은 곳
When you bend, you move the top part of your body downward and forward.

복습 **search** [səːrtʃ] v. 찾아보다, 수색하다; n. 찾기, 수색
If you search for something or someone, you look carefully for them.

careful [kéərfəl] a. 세심한; 조심하는, 주의 깊은
Careful work, thought, or examination is thorough and shows a concern for details.

all of a sudden idiom 갑자기
If something happens all of a sudden, it happens quickly and unexpectedly.

silky [sílki] a. 비단 같은; 보드라운, 광택 있는
If something has a silky texture, it is smooth, soft, and shiny, like silk.

light [lait] v. (lit-lit) 밝아지다; 불을 붙이다; n. 빛
If a person's eyes or face light up, or something lights them up, they become bright with excitement or happiness.

goodness [gúdnis] int. 와, 어머나, 맙소사
People sometimes say 'goodness' or 'my goodness' to express surprise.

feather [féðər] n. (새의) 털, 깃털; v. 깃털로 덮다
A bird's feathers are the soft covering on its body.

stamp [stæmp] v. (발을) 구르다; 쾅쾅거리며 걷다; (도장 등을) 찍다; n. (발을) 쿵쾅거리기; 도장
If you stamp or stamp your foot, you lift your foot and put it down very hard on the ground, for example because you are angry.

tune [tjuːn] n. 곡, 선율; v. (악기의) 음을 맞추다; (채널을) 맞추다
A tune is a series of musical notes that is pleasant and easy to remember.

hit [hit] n. 대 인기작, 성공; 치기, 강타, 타격; v. 때리다; 부딪치다
If a CD, film, or play is a hit, it is very popular and successful.

shrug [ʃrʌg] v. (어깨를) 으쓱하다; n. 어깨를 으쓱하기
If you shrug, you raise your shoulders to show that you are not interested in something or that you do not know or care about something.

shoulder [ʃóuldər] n. 어깨; (옷의) 어깨 부분
Your shoulder is one of the two parts of your body between your neck and the top of your arms.

dress up idiom 변장하다; 옷을 갖춰 입다
If you dress up or dress yourself up, you put on different clothes, in order to pretend to be someone or something different.

Chapter

6

1. What happened during dinner?

   A. Junie B. dropped a crystal glass.

   B. Junie B. ripped the white tablecloth.

   C. Junie B. fell off a chair.

   D. Junie B. was not given dessert.

2. What did Lucille do at bedtime?

   A. She let her friends bounce on her bed.

   B. She showed her friends how to twirl well.

   C. She turned off the light and tried to sleep.

   D. She told stories about her nanna.

3. Why did the girls leave Lucille's bedroom?

A. Lucille's bed was not comfortable.

B. Lucille's room was too small.

C. The guest room had a better bed to bounce on.

D. The guest room was farther away from Lucille's nanna.

4. Why did Junie B. decide that bouncing on the bed was okay?

A. She thought that her parents would never find out.

B. She thought that she should do whatever she wanted.

C. She thought that bouncing was different from jumping.

D. She thought that the bed was there to be bounced on.

5. What happened when the girls played with the pillows?

A. They started to get tired.

B. Lucille said that they should stop.

C. Grace got hurt.

D. Junie B. made a mess.

Check Your Reading Speed
1분에 몇 단어를 읽는지 리딩 속도를 측정해 보세요.

$$\frac{1{,}538 \text{ words}}{\text{reading time ( ) sec}} \times 60 = (\quad) \text{ WPM}$$

Build Your Vocabulary

bounce [bauns] v. 깡충깡충 뛰다; 튀다; n. 튐, 튀어 오름; 탄력
To bounce means to jump up and down on something.

nanna [nǽnə] n. 할머니; 유모
Some people refer to their grandmother as their nan or nanna.

skip [skip] v. 깡충깡충 뛰다; (일을) 거르다; 생략하다; n. 깡충깡충 뛰기
If you skip along, you move almost as if you are dancing, with a series of little jumps from one foot to the other.

shiny [ʃáini] a. 빛나는, 반짝거리는
Shiny things are bright and reflect light.

hurray [həréi] int. 만세
People sometimes shout 'Hurray!' when they are very happy and excited about something.

pour [pɔːr] v. 붓다, 따르다; 마구 쏟아지다; 쏟아져 나오다
If you pour a liquid or other substance, you make it flow steadily out of a container by holding the container at an angle.

sparkly [spáːrkli] a. 반짝반짝 빛나는; 불꽃을 튀기는; 활기 있는
Sparkly things are shining with small points of reflected light.

crystal [krístl] n. 크리스털 (유리), 수정; 결정체
Crystal is a high-quality glass, usually with patterns cut into its surface.

thrill [θril] v. 열광시키다, 정말 신나게 하다; n. 흥분, 설렘; 전율 (thrilled a. 아주 신이 난)
If someone is thrilled, they are extremely pleased about something.

slip [slip] v. 미끄러지다; 슬며시 가다; (슬며시) 놓다; n. (작은) 실수; 미끄러짐
If something slips, it slides out of place or out of your hand.

reddish [rédiʃ] a. 발그레한, 불그스름한
Reddish things are slightly red in color.

scrunch [skrʌnʧ] v. 찡그리다; 웅크리다; 더 작게 만들다
If you scruch your face or part of your face, you make it into a tight shape
in order to show an emotion.

suck [sʌk] v. (특정한 방향으로) 빨아들이다; (입에 넣고) 빨다; 빨아 먹다; n. 빨기, 빨아 먹기
If something sucks a liquid, gas, or object in a particular direction, it
draws it there with a powerful force.

cheek [ʧi:k] n. 뺨, 볼; 엉덩이
Your cheeks are the sides of your face below your eyes.

careful [kέərfəl] a. 조심하는, 주의 깊은; 세심한
If you are careful, you give serious attention to what you are doing, in
order to avoid harm, damage, or mistakes.

bob [bab] v. (고개를) 까닥거리다; 위아래로 움직이다; n. (머리·몸을) 까닥거림
When you bob your head, you move it quickly up and down once, for
example when you greet someone.

spill [spil] v. 떨어지다; 흘리다, 쏟다; 쏟아져 나오다; n. 흘린 액체, 유출물
To spill means to run or fall out of container, especially by accident or
in careless handling.

land [lænd] v. (땅·표면에) 떨어지다; 내려앉다; n. 육지, 땅; 지역
When someone or something lands, they come down to the ground
after moving through the air or falling.

tablecloth [téibəlklɔ̀θ] n. 식탁보
A tablecloth is a cloth used to cover a table.

holler [hálər] v. 소리 지르다, 고함치다; n. 고함, 외침
If you holler, you shout loudly.

all the way idiom 멀리, 모처럼; 내내, 시종; 완전히
You use all the way to emphasize how long a distance is.

twist [twist] v. 일그러뜨리다, 비틀다; (고개·몸 등을) 돌리다; n. (고개·몸 등을) 돌리기
If you twist your mouth or features, you smile in an unpleasant way or look angry.

puffy [pʌ́fi] a. (눈·얼굴 등이) 부어 있는; 뭉게뭉게 피어오른
If a part of someone's body, especially their face, is puffy, it has a round and swollen appearance.

stomach [stʌ́mək] n. 배, 복부, 위(胃)
You can refer to the front part of your body below your waist as your stomach.

knot [nat] n. (긴장·화 등으로) 뻣뻣한 느낌; 매듭; v. 매듭을 묶다
If you feel a knot in your stomach, you get an uncomfortable tight feeling in your stomach, usually because you are afraid or excited.

mess [mes] n. (지저분하고) 엉망인 상태; (많은 문제로) 엉망인 상황; v. 엉망으로 만들다
If you say that something is a mess or in a mess, you think that it is in an untidy state.

dessert [dizə́:rt] n. 디저트, 후식
Dessert is something sweet, such as fruit or a pudding, that you eat at the end of a meal.

plop [plap] n. 풍당 떨어짐 (떨어지는 소리); v. 풍당 하고 떨어지다; 떨어뜨리다; 털썩 주저앉다
A plop means an act of dropping something somewhere with a soft, gentle sound.

bull [bul] n. [동물] 황소
A bull is an adult male cow.

∗china [tʃáinə] n. 도자기, 사기 그릇; 도자기 인형; a. 도자기로 만든
China refers to cups, bowls, plates, and ornaments made of a hard white substance produced by baking a type of clay at a high temperature.

∗pat [pæt] v. 쓰다듬다, 토닥거리다; n. 쓰다듬기, 토닥거리기
If you pat something or someone, you tap them lightly, usually with your hand held flat.

∗stiff [stif] 경직된; 뻣뻣한; 결리는, 뻐근한; 심한; ad. 몹시, 극심하게
Stiff behavior is rather formal and not very friendly or relaxed.

mumble [mʌmbl] v. 중얼거리다, 웅얼거리다; n. 중얼거림
If you mumble, you speak very quietly and not at all clearly with the result that the words are difficult to understand.

∗closet [klázit] n. 벽장
A closet is a piece of furniture with doors at the front and shelves inside, which is used for storing things.

on account of idiom ~ 때문에
You use on account of to introduce the reason or explanation for something.

chute [ʃuːt] n. (물건을 아래로 내려보내는) 미끄럼판, 활송 장치; 비탈진 수로
A chute is a steep, narrow slope down which people or things can slide.

∗spin [spin] v. (빙빙) 돌다; 돌아서다; n. 회전
If something spins or if you spin it, it turns round and round quickly.

∗dizzy [dízi] a. 어지러운; 아찔한
If you feel dizzy, you feel that you are losing your balance and are about to fall.

get the hang of idiom ~을 할 줄 알게 되다; 요령을 알다
If you get the hang of something such as a skill or activity, you begin to understand or realize how to do it.

knock [nak] v. (문 등을) 두드리다; 치다, 부딪치다; n. 문 두드리는 소리; 부딪침
If you knock on something such as a door or window, you hit it, usually several times, to attract someone's attention.

pajamas [pədʒáːməz] n. (바지와 상의로 된) 잠옷
A pair of pajamas consists of loose trousers and a loose jacket that people wear in bed.

biggish [bígiʃ] a. 약간 큰, 큰 편인
Something that is biggish is fairly big.

baggy [bǽgi] a. 헐렁한
If a piece of clothing is baggy, it hangs loosely on your body.

charming [tʃáːrmiŋ] a. 멋진, 매력적인; 유쾌한, 즐거운
If you say that something is charming, you mean that it is very pleasant or attractive.

polka dot [póulkə dat] n. (옷의) 물방울무늬
Polka dots are a large number of small, round spots that are printed in a regular pattern on cloth.

colorful [kʌ́lərfəl] a. 형형색색의, 다채로운; 흥미진진한
Something that is colorful has bright colors or a lot of different colors.

beauteous [bjúːtiəs] a. 어여쁜
Beauteous means the same as beautiful.

nightie [náiti] n. 잠옷
A nightie is a loose dress that a woman or girl wears in bed.

gorgeous [góːrdʒəs] a. 아주 멋진, 아주 아름다운; 선명한, 화려한
If you describe someone as gorgeous, you think that they are very attractive.

material [mətíəriəl] n. 천, 직물; 재료; 자료; 소재; a. 물질적인; 중요한
Material is cloth used for making clothes or curtains.

smooth [smu:ð] a. 매끈한; 부드러운; (소리가) 감미로운; v. 매끈하게 하다, 반듯하게 펴다
A smooth surface has no rough parts, lumps, or holes, especially in a way that is pleasant and attractive to touch.

roll [roul] v. (둥글게) 말다, 감다; 굴러가다; 굴리다; n. (둥글게 말아 놓은) 통, 두루마리
(unroll v. 펼치다, 펼쳐지다)
If you unroll something such as a sheet of paper or cloth, or if it unrolls, it opens up and becomes flat.

sleeping bag [slí:piŋ bæg] n. 침낭
A sleeping bag is a warm bag that you sleep in, especially when camping.

bedspread [bédsprèd] n. (장식용) 침대보
A bedspread is a decorative cover which is put over a bed, on top of the sheets and blankets.

beauty sleep [bjú:ti sli:p] n. (건강과 아름다움을 지켜 주는) 충분한 수면
Beauty sleep means enough sleep at night to make sure that you look and feel healthy and beautiful.

hug [hʌg] v. 껴안다, 포옹하다; 끌어안다; n. 포옹
When you hug someone, you put your arms around them and hold them tightly, for example because you like them or are pleased to see them.

twirl [twə:rl] v. 빙글빙글 돌다; 빙글빙글 돌리다; n. 회전
If you twirl, you turn around and around quickly, for example when you are dancing.

gown [gaun] n. (여성의) 드레스; 가운, 학위복 (night gown n. 잠옷)
A night gown is a long loose piece of clothing like a thin dress, worn by a woman or girl in bed.

cushy [kúʃi] a. 푹신한; 편한, 수월한
Cushy things are soft and comfortable.

admire [ædmáiər] v. 감탄하며 바라보다; 존경하다, 칭찬하다
If you admire something, you look at them with pleasure.

bouncy [báunsi] a. 잘 튀는, 탱탱한; 활기 넘치는
A bouncy surface moves up and down when you walk or jump on it.

sneaky [sní:ki] a. 교활한, 엉큼한
If you describe someone as sneaky, you disapprove of them because they do things secretly rather than openly.

tiptoe [tiptòu] v. (=tippy-toe) 발끝으로 (살금살금) 걷다; n. 발끝, 까치발
If you tiptoe somewhere, you walk there very quietly without putting your heels on the floor when you walk.

복습 **hall** [hɔ:l] n. (건물 내의) 복도, 통로; (크고 넓은) 방, 홀, 회관
A hall in a building is a long passage with doors into rooms on both sides of it.

복습 **grab** [græb] v. (와락·단단히) 붙잡다; 급히 ~하다; n. 와락 잡아채려고 함
If you grab someone or something, you take or hold them with your hand suddenly, firmly, or roughly.

복습 **giant** [dʒáiənt] a. 거대한, 엄청나게 큰; 비범한; n. 거인
Something that is described as giant is extremely large, strong, powerful, or important.

huge [hju:dʒ] a. 거대한, 막대한
Something or someone that is huge is extremely large in size.

in case idiom ~할 경우에 대비해서
If you do something in case or just in case a particular thing happens, you do it because that thing might happen.

company [kʌ́mpəni] n. 손님; 함께 있음; 회사
If you have company, you have a visitor or friend with you.

복습 **joyful** [dʒɔ́ifəl] a. 아주 기뻐하는; 기쁜
Someone who is joyful is extremely happy.

polite [pəláit] a. 예의 바른, 공손한, 정중한; 예의상의
Someone who is polite has good manners and behaves in a way that is socially correct and not rude to other people.

‡ **attention** [əténʃən] n. 주의, 주목; 관심, 흥미 (pay attention idiom 주의를 기울이다)
If you pay attention to someone, you watch them, listen to them, or take notice of them.

복습 **spring** [spriŋ] v. (sprang/sprung-sprung) 뛰어오르다; 튀다; n. 생기, 활기; 봄
When a person or animal springs, they jump upward or forward suddenly or quickly.

* **giggle** [gigl] v. 킥킥거리다, 피식 웃다; n. 킥킥거림, 피식 웃음
If someone giggles, they laugh in a childlike way, because they are amused, nervous, or embarrassed.

복습 **silly** [síli] a. 어리석은, 바보 같은; 우스꽝스러운; n. 바보
If you say that someone or something is silly, you mean that they are foolish, childish, or ridiculous.

* **sweat** [swet] n. 땀; 노력, 수고; v. 땀을 흘리다; 식은땀을 흘리다, 불안해하다
Sweat is the salty colorless liquid which comes through your skin when you are hot, ill, or afraid.

flop [flap] v. 털썩 주저앉다; ~을 떨어뜨리다; n. 실패작
If you flop into a chair, for example, you sit down suddenly and heavily because you are so tired.

‡‡ **rest** [rest] v. 쉬다, 쉬게 하다; 기대다; n. 나머지; 휴식, 수면
If you rest or if you rest your body, you do not do anything active for a time.

* **plump** [plʌmp] a. 통통한, 포동포동한; 불룩한; v. 통통하게 하다
You can describe someone or something as plump to indicate that they are rather fat or rounded.

복습 **pillow** [pílou] n. 베개
A pillow is a rectangular cushion which you rest your head on when you are in bed.

복습 **swing** [swiŋ] v. (swung-swung) (전후·좌우로) 흔들다, 흔들리다; 휘두르다; n. 흔들기; 그네
If something swings or if you swing it, it moves repeatedly backward and forward or from side to side from a fixed point.

accidental [æksədéntl] a. 우연한, 돌발적인 (accidentally ad. 우연히, 뜻하지 않게)
An accidental event happens by chance or as the result of an accident, and is not deliberately intended.

peek [piːk] v. (재빨리) 훔쳐보다; 살짝 보이다; n. 엿보기
If you peek at something or someone, you have a quick look at them, often secretly.

harm [haːrm] v. 해치다; 해를 끼치다, 손상시키다; n. 해, 피해, 손해
To harm a person or animal means to cause them physical injury, usually on purpose.

bet [bet] v. (~이) 틀림없다; (내기 등에) 돈을 걸다; n. 짐작, 추측; 내기
You use expressions such as 'I bet,' 'I'll bet,' and 'you can bet' to indicate that you are sure something is true.

grin [grin] n. 활짝 웃음; v. 활짝 웃다
A grin is a broad smile.

tummy [tʌ́mi] n. 배, 복부
Your tummy is the part of the front of your body below your waist.

rip [rip] n. 찢어진 곳; v. 찢다, 찢어지다; 뜯어 내다
A rip is a long cut or split in something made of cloth or paper.

feather [féðər] n. (새의) 털, 깃털; v. 깃털로 덮다
A bird's feathers are the soft covering on its body.

explode [iksplóud] v. 터지다, 폭발하다; 갑자기 ~하다; (강한 감정을) 터뜨리다
If an object such as a bomb explodes or if someone or something explode it, it bursts loudly and with great force, often causing damage or injury.

bazillion [bəzíljən] n. 방대한 수
A bazillion is a very large number.

floaty [flóuti] a. 아주 얇고 가벼운
A floaty things are very light and thin.

‡ practical [prǽktikəl] a. 거의 완전한, 사실상의; 현실적인 (**practically** ad. 거의, 사실상)
Practically means almost, but not completely or exactly.

‡ gasp [gæsp] n. 헉 하는 소리를 냄; v. 헉 하고 숨을 쉬다; 숨을 제대로 못 쉬다
A gasp is a short quick breath of air that you take in through your mouth, especially when you are surprised, shocked, or in pain.

‡ pound [paund] v. (가슴이) 쿵쿵 뛰다; 치다, 두드리다; 쿵쾅거리며 걷다
If your heart pounds, it beats strongly and quickly because you are nervous, excited, or afraid.

‡ except [iksépt] conj. ~이지만, ~라는 점만 제외하면; prep. ~ 외에는; v. 제외하다
You can use except to introduce a statement that makes what you have just said seem less true or less possible.

‡ apparent [əpǽrənt] a. ~인 것처럼 보이는; 분명한 (**apparently** ad. 보기에)
You use apparently when something seems clear or obvious, according to appearances.

‡ flat [flæt] a. 납작한; 평평한; 단호한; n. 평평한 부분; ad. 평평하게, 반듯이
A flat object is not very tall or deep in relation to its length and width.

Chapter
7

1. What did Lucille's nanna want the girls to do?

A. Feel sorry about what they did

B. Get enough sleep

C. Stay quiet

D. Clean up the guest room

2. What did the girls actually do?

A. They made silly sounds.

B. They switched beds.

C. They turned the light back on.

D. They laughed at Lucille's nanna.

3. **What was true about Lucille?**

    A. She tried hard not to peep.

    B. She stopped giggling first.

    C. She was worried about getting in trouble.

    D. She started to get louder.

4. **What did Junie B. and Grace think about Lucille?**

    A. She was too serious.

    B. She was out of her mind.

    C. She was the funniest girl ever.

    D. She would wake her nanna up.

5. **What made the girls finally go to sleep?**

    A. They had no more energy.

    B. They were bored of peeping.

    C. Lucille said that it was late.

    D. Lucille's nanna yelled at them.

Check Your Reading Speed
1분에 몇 단어를 읽는지 리딩 속도를 측정해 보세요.

$$\frac{251 \text{ words}}{\text{reading time (} \quad \text{) sec}} \times 60 = (\quad \text{) WPM}$$

Build Your Vocabulary

* **peep** [piːp] v. 삑하는 소리를 내다; 훔쳐보다; 살짝 보이다; n. 삑하는 소리; 훔쳐보기, 살짝 봄
To peep is to make a short high sound.

복습 **sleeping bag** [slíːpiŋ bæg] n. 침낭
A sleeping bag is a warm bag that you sleep in, especially when camping.

복습 **speedy** [spíːdi] a. 빠른, 신속한
A speedy process, event, or action happens or is done very quickly.

복습 **grouchy** [gráuʧi] a. 성난, 불평이 많은, 잘 투덜거리는
If someone is grouchy, they are very bad-tempered and complain a lot.

* **scare** [skɛər] v. 겁주다; 무서워하다; n. 불안(감); 놀람, 공포 (scared a. 무서워하는, 겁먹은)
If you are scared of someone or something, you are frightened of them.

복습 **all of a sudden** idiom 갑자기
If something happens all of a sudden, it happens quickly and unexpectedly.

복습 **teeny** [tíːni] a. 아주 작은
If you describe something as teeny, you are emphasizing that it is very small.

복습 **giggle** [gigl] v. 킥킥거리다, 피식 웃다; n. 킥킥거림, 피식 웃음
If someone giggles, they laugh in a childlike way, because they are amused, nervous, or embarrassed.

^복^습 **stare** [stɛər] v. 빤히 쳐다보다, 응시하다; n. 빤히 쳐다보기, 응시
If you stare at someone or something, you look at them for a long time.

✲ **control** [kəntróul] n. 통제, 제어; 지배; v. 통제하다; 지배하다; 조정하다
(out of control idiom 통제 불능의)
If someone or something is out of control, they are or become impossible
to manage or to control.

^복^습 **silly** [síli] a. 어리석은, 바보 같은; 우스꽝스러운; n. 바보
If you say that someone or something is silly, you mean that they are
foolish, childish, or ridiculous.

✲ **silence** [sáiləns] int. 조용히 해!, 쉬!; n. 고요, 적막; 침묵; v. 조용히 하게 하다; 침묵시키다
If you say 'silence' to someone, you use it for telling them to be quiet.

^복^습 **yell** [jel] v. 고함치다, 소리 지르다; n. 고함, 외침
If you yell, you shout loudly, usually because you are excited, angry, or
in pain.

scary [skέəri] a. 무서운, 겁나는
Something that is scary is rather frightening.

✲ **shiver** [ʃívər] n. (pl.) 몸서리, 오싹한 느낌; v. (몸을) 떨다
If someone gives you shivers, they make you feel so afraid that your
body shakes slightly.

✲ **skin** [skin] n. 피부; (과일 등의) 껍질; v. (피부가) 까지다
Your skin is the natural covering of your body.

✲ **crawl** [krɔːl] v. 기어가다; 우글거리다; n. 기어가기
When you crawl, you move forward on your hands and knees.

✲✲ **cover** [kávər] n. (pl.) (침대) 커버, 이불; 덮개; v. 가리다; 덮다
The covers on your bed are the things such as sheets and blankets that
you have on top of you.

Chapter

8

1. Why didn't Lucille's nanna give Junie B. a plastic bowl?

   A. Her plastic bowls were brand-new.

   B. There were no plastic bowls in the house.

   C. A plastic bowl would not match the china bowls.

   D. She did not know where her plastic bowls were.

2. What did Lucille's nanna do for Junie B.?

   A. She helped Junie B. eat her cereal.

   B. She taught Junie B. how to eat carefully.

   C. She gave Junie B. simple food for breakfast.

   D. She let Junie B. skip breakfast.

3. Why did Junie B. rush her mother out of the house?

A. So that nothing would get broken

B. So that they could drive to Grandma Miller's

C. So that her mother would not ask for a house tour

D. So that her mother would not chat with Lucille's nanna

4. How did Junie B. feel in the car?

A. She felt disappointed that the car was not fancy.

B. She felt sad to leave Lucille's house.

C. She felt shocked that she was still hungry.

D. She felt relaxed to be back in her family's space.

5. Why did Junie B. want to go to Grandma Miller's?

A. To tell Grandma Miller about her night at Lucille's

B. To eat Grandma Miller's delicious pancakes

C. To cook breakfast for Grandma Miller

D. To borrow Grandma Miller's plastic items

Check Your Reading Speed
1분에 몇 단어를 읽는지 리딩 속도를 측정해 보세요.

$$\frac{631 \text{ words}}{\text{reading time ( ) sec}} \times 60 = (\qquad) \text{ WPM}$$

Build Your Vocabulary

jiggle [dʒígl] v. (아래위·양옆으로 빠르게) 흔들다, 움직이다
If you jiggle something, you move it quickly up and down or from side to side.

＊**yawn** [jɔːn] v. 하품하다; n. 하품
If you yawn, you open your mouth very wide and breathe in more air than usual, often when you are tired.

＊**stretch** [streʧ] v. 기지개를 켜다; 늘이다; 뻗다; n. (길게) 뻗은 지역
When you stretch, you put your arms or legs out straight and tighten your muscles.

복습 **robe** [roub] n. (= bathrobe) 목욕 가운; 길고 헐거운 겉옷; 예복
A bathrobe is a loose piece of clothing made of the same material as towels. You wear it before or after you have a bath or a swim.

복습 **slipper** [slípər] n. (pl.) 실내화
Slippers are loose, soft shoes that you wear at home.

복습 **hall** [hɔːl] n. (건물 내의) 복도, 통로; (크고 넓은) 방, 홀, 회관
A hall in a building is a long passage with doors into rooms on both sides of it.

복습 **nanna** [nǽnə] n. 할머니; 유모
Some people refer to their grandmother as their nan or nanna.

^복_습**whisper** [hwíspər] v. 속삭이다, 소곤거리다; n. 속삭임, 소곤거리는 소리
When you whisper, you say something very quietly, using your breath rather than your throat, so that only one person can hear you.

∗ **snore** [snɔːr] n. 코골이; 코 고는 소리; v. 코를 골다
A snore is an act of breathing in a very noisy way while you are sleeping.

^복_습**pleasant** [plézənt] a. 즐거운, 기분 좋은; 상냥한, 예의 바른
Something that is pleasant is nice, enjoyable, or attractive.

∗ **downstairs** [dàunstéərz] ad. 아래층으로; 아래층에서; a. 아래층의; n. 아래층
If you go downstairs in a building, you go down a staircase toward the ground floor.

^복_습**bowl** [boul] n. (우묵한) 그릇, 통; 한 그릇(의 양)
A bowl is a round container with a wide uncovered top.

brand-new [brænd-njúː] a. 아주 새로운, 신상품의
A brand-new object is completely new.

^복_습**china** [tʃáinə] a. 도자기로 만든; n. 도자기, 사기 그릇; 도자기 인형
China cups, china bowls, china plates, and china ornaments are made of a hard white substance produced by baking a type of clay at a high temperature.

^복_습**all of a sudden** idiom 갑자기
If something happens all of a sudden, it happens quickly and unexpectedly.

^복_습**knot** [nat] n. (긴장·화 등으로) 뻣뻣한 느낌; 매듭; v. 매듭을 묶다
If you feel a knot in your stomach, you get an uncomfortable tight feeling in your stomach, usually because you are afraid or excited.

^복_습**stomach** [stΛmək] n. 배, 복부, 위(胃)
You can refer to the front part of your body below your waist as your stomach.

^복_습**tap** [tæp] v. (가볍게) 톡톡 두드리다; n. (가볍게) 두드리기
If you tap something, you hit it with a quick light blow or a series of quick light blows.

roll one's eyes idiom 눈을 굴리다
If you roll your eyes or if your eyes roll, they move round and upward to show you are bored or annoyed.

ceiling [síːliŋ] n. 천장
A ceiling is the horizontal surface that forms the top part or roof inside a room.

pour [pɔːr] v. 붓다, 따르다; 마구 쏟아지다; 쏟아져 나오다
If you pour a liquid or other substance, you make it flow steadily out of a container by holding the container at an angle.

teeny [tíːni] a. 아주 작은
If you describe something as teeny, you are emphasizing that it is very small.

crystal [kristl] n. 크리스털 (유리), 수정; 결정체
Crystal is a high-quality glass, usually with patterns cut into its surface.

spill [spil] v. 흘리다, 쏟다; 떨어지다; 쏟아져 나오다; n. 흘린 액체, 유출물
If a liquid spills or if you spill it, it accidentally flows over the edge of a container.

careful [kɛ́ərfəl] a. 조심하는, 주의 깊은; 세심한
If you are careful, you give serious attention to what you are doing, in order to avoid harm, damage, or mistakes.

pick up idiom ~를 차에 태우러 가다; ~를 차에 태우다
If you pick someone up, you go and meet someone that you have arranged to take somewhere in a vehicle.

holler [hálər] v. 소리 지르다, 고함치다; n. 고함, 외침
If you holler, you shout loudly.

rub [rʌb] v. (손·손수건 등을 대고) 문지르다; (두 손 등을) 맞비비다; n. 문지르기, 비비기
If you rub something on something else, you make it press against that thing and move it around.

backseat [bǽksiːt] n. (차량의) 뒷자리
Backseat is a seat at the back of a vehicle.

relieve [rilíːv] v. 안도하게 하다; (불쾌감·고통 등을) 없애 주다; 완화하다 (relieved a. 안도한)
If you are relieved, you feel happy because something unpleasant has not happened or is no longer happening.

driveway [dráivwèi] n. (주택의) 진입로
A driveway is a piece of hard ground that leads from the road to the front of a house or other building.

growl [graul] v. 으르렁거리다; 으르렁거리듯 말하다; n. 으르렁거리는 소리
If you say that something growls, you mean that it makes a deep low noise.

tummy [tʌ́mi] n. 배, 복부
Your tummy is the part of the front of your body below your waist.

swear [swɛər] v. 맹세하다; 욕을 하다; n. 맹세
If you say that you swear that something is true, you are saying very firmly that it is true.

bottomless [bátəmlis] a. 바닥이 안 보이는; 무한한
If you describe something as bottomless, you mean that it is so deep that it seems to have no bottom.

pit [pit] n. (크고 깊은) 구덩이; v. 자국을 남기다, 구멍을 남기다
A pit is a large hole that is dug in the ground.

pop [pap] v. 불쑥 나타나다; 눈이 휘둥그레지다; 펑 하는 소리가 나다; n. 펑 (하는 소리)
If something pops, it appears suddenly, especially when not expected.

entire [intáiər] a. 전체의, 완전한, 온전한
You use entire when you want to emphasize that you are referring to the whole of something, for example, the whole of a place, time, or population.

million [míljən] n. 100만; a. 100만의; 수많은
A million or one million is the number 1,000,000.

복습 **bazillion** [bəzíljən] n. 방대한 수
A bazillion is a very large number.

복습 **hurray** [həréi] int. 만세
People sometimes shout 'Hurray!' when they are very happy and excited about something.

복습 **hug** [hʌg] v. 껴안다, 포옹하다; 끌어안다; n. 포옹
When you hug someone, you put your arms around them and hold them tightly, for example because you like them or are pleased to see them.

복습 **regular** [régjulər] a. 일반적인, 평범한; 규칙적인; n. 단골손님, 고정 고객
Regular is used to mean 'normal.'

1장 제일 부자인 할머니

내 이름은 주니 B. 존스(Junie B. Jones)입니다. B는 비어트리스(Beatrice)를 나타냅니다. 하지만 나는 비어트리스라는 이름을 좋아하지 않습니다. 나는 그냥 B를 좋아할 뿐이고 그게 다입니다.

나는 거의 여섯 살입니다.

거의 여섯 살인 여러분이 오후반 학교 유치부에 가는 버스를 타는 나이입니다.

그레이스(Grace)라는 이름의 나의 가장 제일 친한 친구는 나와 함께 버스를 탑니다.

매일 그녀는 정확히 바로 내 옆에 앉습니다. 왜냐면('cause) 내가 그녀의 자리를 맡아 주거든요, 그래서 그렇죠.

자리를 맡는 것은 여러분이 버스에서 재빨리 뛰어가는 때입니다. 그리고 여러분은 서둘러서 자리에 앉습니다. 그리고 그런 다음 여러분은 빠르게 여러분의 발을 여러분 옆자리에 올려 둡니다.

그리고 나서, 여러분은 계속해서 "찜! 찜! 찜!"이라고 소리를 지릅니다. 그러면 아무도 여러분의 옆에 앉지 않습니다. 왜냐면 누가 비명쟁이 옆에 앉고 싶겠어요? 그게 바로 내가 알고 싶은 거예요.

나와 그 그레이스는 학교에 또 한 명의 가장 제일 친한 친구가 있습니다. 그녀의 이름은 루실(Lucille)입니다.

루실은 우리와 함께 버스를 타지 않습니다. 그녀의 부자 할머니가 커다란 금색 자동차로 그녀를 학교까지 데려다줍니다. 그것은 캐틀락(Cattle Act)이라고 불립니다, 내 생각에는요.

그리고 이거 알아요?

오늘은 그 커다란 금색 캐틀락이 스쿨버스 바로 옆에서 달리고 있었어요!

나는 아주 신이 나서 내 창문을 쾅쾅 두드렸습니다.

"루실! 야, 루실! 나야! 주니 B. 존스라고! 내가 스쿨버스를 타고 바로 네 옆에 있어! 나 보여? 나 보이니, 루실? 내가 정말 신이 나서 내 창문을 쾅쾅 치고 있잖아!"

루실은 나를 보지 않았습니다.

"좋아, 그런데 문제는 이거야! 너희 할머니가 방금 그녀의 자동차 속도를 높였어. 그리고 이제 너는 버스를 한참 앞질러 가고 있지. 그리고 그래서 왜 나는 아직도 너에게 소리치고 있는 거지? 그게 바로 내가 알고 싶은 거라고."

나는 앉아서 내 치마를 매만졌습니다.

"보니까, 루실의 할머니는 과속쟁이야." 나는 그 그레이스에게 말했습니다.

"루실의 할머니는 부자야." 그녀가 대

답했습니다.

"루실의 할머니는 아주, 아주 부자야." 내가 말했습니다. "걔네 할머니는 그 안에 백만 개의 방이 있는 크고, 거대한 집을 가지고 있어. 그리고 걔네 할머니는 루실의 온 가족이 전부 그곳에 살게 하지. 왜냐면 그 집은 할머니 혼자만 살기에는 정말 너무 크거든."

"우와." 그 그레이스가 말했습니다.

"나도 그게 우와라는 걸 알아, 그레이스." 내가 말했습니다. "우리 할머니는 평범하고, 오래된, 보통 집 한 채밖에 없어, 그리고 그게 다야."

그 그레이스는 슬픈 한숨을 내쉬었습니다.

"우리 할머니에게는 플로리다(Florida)에 있는 아파트 한 채뿐이야." 그녀가 말했습니다.

그러고 나서 나와 그 그레이스는 아주 침울하게 서로를 바라보았습니다.

"우리 할머니들은 패배자야." 내가 말했습니다.

그 후, 우리는 학교로 가는 남은 길 내내 아무 말도 하지 않았습니다.

그런데 그거 알아요?

우리가 학교에 도착했을 때, 우리는 그 할머니의 커다란 금색 자동차를 보았습니다! 그것은 바로 주차장에 주차되어 있었어요!

나와 그 그레이스는 정말 재빠르게 그곳으로 달려갔습니다.

"루실! 루실! 나야! 나 주니 B. 존스야! 그리고 또 그 그레이스도 있어! 우리는 너의 부자 할머니를 보러 달려가고 있어!"

우리는 문을 열고 우리의 머리를 안으로 밀어 넣었습니다.

"안녕하세요, 할머니!" 내가 말했습니다.

"안녕하세요, 할머니!" 그 그레이스가 말했습니다.

할머니는 우리를 보고 놀란 것 같았습니다.

"좋아요, 그런데 할머니는 우리를 무서워할 필요가 없어요." 내가 말했습니다. "왜냐하면 우리는 할머니의 손녀를 아주 잘 알거든요. 그리고 우리는 할머니를 해치지도 않을 거예요."

나와 그 그레이스는 뒷좌석에 탔습니다.

나는 그 좌석에 내 손을 문질렀습니다.

"오오오오! 저는 이 비싼 벨벳(velvet)으로 된 차 안이 너무 좋아요." 나는 그녀에게 말했습니다.

나는 그것에 내 볼을 갖다 댔습니다.

"이 좌석들은 정말 어-머-머머네요, 할머니." 내가 말했습니다.

루실은 내게 짜증이 난 것 같았습니다. "우리 할머니를 할머니라고 부르지

마! 할머니는 내 할머니야! 네 할머니가 아니라고!"

"루실!" 할머니가 몹시 놀라며 말했습니다. "너 왜 그러는 거니? 네 꼬마 친구들은 사랑스러운 친구들이잖니."

"맞아, 루실." 내가 말했습니다. "나는 사랑스러운 친구야. 그리고 그 그레이스도 사랑스러운 친구지. 그리고 그러니까, 그만해. 맞죠, 할머니?"

할머니는 큰 소리로 웃음을 터뜨렸습니다.

"저기요! 할머니는 내가 지금까지 본 사람 중에 가장 상냥한 할머니예요!" 내가 말했습니다. "그리고 그래서 어쩌면 저랑 그레이스가 언젠가 할머니의 비싼 집을 보러 갈 수도 있을 것 같아요."

루실의 할머니는 또 한 번 큰 소리로 웃음을 터뜨렸습니다.

그런 다음 나와 그 그레이스도 마찬가지로, 크게 웃음을 터뜨렸습니다. 그리고 우리는 모두 계속해서 웃고 또 웃었습니다.

단 한 사람 루실만 빼고요.

2장 우리들의 기막힌 생각

루실은 9반(Room Nine)에서 나와 같은 책상에 앉습니다.

그녀는 나에게 계속 화가 나 있었습니다. 그런데 나는 이유조차 알지 못합니다.

"오늘 네가 입은 그 스웨터 예쁘다, 루실." 내가 아주 상냥하게 말했습니다.

그녀는 서둘러 그녀의 의자를 내게서 멀리 옮겼습니다.

나도 서둘러 그녀의 옆으로 갔습니다.

"오오오오. 옷깃 위에 보이는 그건 스팽글이야? 왜냐면 스팽글은 내가 가장 좋아하는 작고, 반짝이고, 동글동글한 구슬 같은 장식이거든." 내가 그녀에게 말했습니다.

나는 스팽글들 중 하나를 만졌습니다.

루실은 내 손을 밀어냈습니다.

나는 그녀의 턱 밑을 정말 친근하게 간지럽혔습니다.

"우쭈쭈-우쭈쭈-쭈." 나는 정말 재미있게 말했습니다.

루실은 나에게 그녀의 등을 돌렸습니다.

나는 그녀의 높이 묶은 머리를 흔들었습니다.

"흔들, 흔들, 흔들." 나는 노래를 불렀습니다.

바로 그때, 루실은 그녀의 의자에서 벌떡 일어났습니다.

"나 좀 그만 건드려!" 그녀가 바로 내 얼굴에 대고 소리쳤습니다.

나의 선생님은 아주 재빨리 내 책상으로 서둘러 왔습니다.

그녀의 이름은 선생님(Mrs.)입니다.

마찬가지로, 그녀에게는 또 다른 이름이 있습니다. 하지만 나는 그냥 선생님이라는 이름을 좋아할 뿐이고 그게 다입니다.

나는 그녀를 향해 아주 귀엽게 미소 지었습니다.

"안녕하세요. 오늘 기분이 어때요? 저랑 루실은 싸우고 있는 게 아니에요. 우리는 그냥 시끄러운 보호 (conservation)를 하고 있을 뿐이에요."

선생님은 나를 이상한 표정으로 바라보았습니다.

"내 생각에는 네가 대화(conversation)를 말하는 것 같구나, 주니 B." 그녀가 말했습니다. "보호는 사람들이 무언가를 지키는 것을 의미해."

나는 곰곰이 생각하며 내 턱을 톡톡 두드렸습니다.

그러다 갑자기, 나는 정말 신이 나서 폴짝 뛰었습니다.

"맞아요, 그런데 저는 그렇게 해요, 선생님! 저는 정말로 무언가를 지킨다고요!" 내가 말했습니다. "저는 버스에서 그 그레이스를 위해 자리를 지켜 줘요!"

나는 교실 건너편에 대고 소리쳤습니다. "그레이스! 야, 그레이스! 선생님한테 내가 어떻게 버스에서 네 자리를 지켜 주는지 말 좀 해 줘! 왜냐면 선생님은 아무래도, 내가 한 말을 내가 모른다고 생각하거든!"

그 그레이스가 소리치며 대답했습니다. "쟤는 그렇게 해요, 선생님! 주니 B.는 매일 버스에서 제 자리를 지켜 줘요!"

나는 아주 자랑스럽게 미소 지었습니다. "맞죠, 선생님? 제가 선생님한테 말했잖아요! 제가 선생님한테 저는 무언가를 지킨다고 말했죠!"

선생님은 아주 오랫동안 나를 빤히 쳐다보았습니다.

그러고 나서 그녀는 자신의 두 눈을 꼭 감았습니다.

그리고 그녀는 자신에게 휴식이 좀 필요하다고 말했습니다.

얼마 지나지 않아, 쉬는 시간을 알리는 종이 울렸습니다.

루실은 나와 그레이스를 기다려 주지도 않았습니다. 그녀는 우리를 빼놓고 곧장 문밖으로 달려 나갔습니다.

그래서 우리가 그 애를 쫓아가 그녀를 둘러싸야 했던 것입니다.

나는 내 목소리를 매우 으르렁거리며 말했습니다.

"내가 너를 참아 주는 데도 한계가 있어, 이 아가씨야!" 내가 말했습니다. "어째서 너는 우리에게 계속 화가 나 있는 거야? 왜냐면 나랑 그레이스는 너한테 아무 짓도 안 했는데 말이야!"

루실은 그녀의 발을 쿵쿵 굴렀습니다.

"했어, 너희는 무슨 짓을 했다고! 너희가 모든 걸 망쳤어! 나는 우리 할머니한테 작은 흰색 푸들 한 마리를 사 달라고 조르고 있었단 말이야! 그리고 할머니는 거의 알겠다고 말하려고 했어! 그리고 그때 너희들이 내 뒷좌석에 들이닥쳤던 거야! 그래서 이제 모든 게 엉망이 되어 버렸어!"

나는 그녀를 향해 씩씩댔습니다.

"좋아, 그런데 그게 우리 잘못은 아니잖아, 루실! 왜냐면 우린 네가 조르고 있는 줄은 몰랐으니까! 우리는 그냥 네 부자 할머니가 보고 싶었을 뿐이야, 그리고 그게 다야!"

"나랑은 상관없어!" 루실이 말했습니다. "너희들은 끼어들지 말았어야 했어! 너희에게는 너희 할머니가 있잖아!"

바로 그때, 나와 그 그레이스는 또다시 몹시 침울해졌습니다.

"나도 우리에게 할머니가 있다는 건 알아, 루실." 내가 말했습니다. "하지만 우리 할머니들은 네 할머니처럼 부자 할머니가 아니야."

그 그레이스는 그녀의 고개를 떨구었습니다.

"우리 할머니들은 그냥 평범한 할머니들이야." 그녀가 말했습니다.

"우리 할머니들은 짱이야." 내가 아주 조용하게 말했습니다.

그 후, 루실은 우리에게 더 상냥하게 행동했습니다.

"유감이야." 그녀가 말했습니다. "너희들의 평범한 할머니들에 대해선 유감이야. 나는 그냥 내 푸들을 키우지 못하는 것에 화가 났었어, 그게 다야. 보통 우리 할머니는 나에게 내가 원하는 건 무엇이든지 주시거든."

바로 그때, 나는 정말 환하게 미소 지었습니다. 왜냐면 훌륭한 생각이 내 머릿속에 떠올랐거든요, 그래서 그렇죠! 그 생각은 난데없이(out of thin hair) 떠올랐습니다!

"루실! 야, 루실! 어쩌면 나랑 그레이스가 너희 할머니네 집으로 갈 수도 있겠다! 그러면 우리는 네가 푸들을 사 달라고 조르는 걸 도와줄 수 있어!"

나는 이리저리 춤을 추었습니다.

"그리고 여기 훌륭한 생각이 또 하나 있어! 어쩌면 우리가 하룻밤을 보낼 수도 있을 거야, 아마도 말이야! 왜냐면 나와 그레이스는 전에 비싼 집을 본 적이 한 번도 없거든! 그리고 그렇게 하면 우리는 그날 저녁 내내 네 푸들을 사 달라고 조를 수도 있어!"

갑자기, 그 그레이스도 마찬가지로, 이리저리 춤을 추기 시작했습니다. "우리가 언제 가면 돼? 우리가 언제 가면 될까?" 그녀가 물었습니다.

나는 몹시 신이 나서 내 손뼉을 쳤습니다.

"나는 토요일에 돼, 내 생각에는 말이야!" 내가 말했습니다.

"나도, 똑같이! 나도 똑같이, 토요일에 돼!" 그 그레이스가 말했습니다.

루실은 생각하고 또 생각했습니다.

"흠. 나는 토요일이 될지 모르겠어." 그녀가 말했습니다. "우리 엄마랑 아빠랑 오빠가 주말에 놀러 가거든. 그래서 우리 할머니랑 나만 있을 거야."

나는 위아래로 폴짝 뛰었습니다.

"만세!" 내가 말했습니다. "그러면 일이 훨씬 더 잘 풀리겠네! 왜냐면 이제 우리는 분명 어떤 방해도 없이 너희 할머니한테 조를 수 있을 테니까!"

바로 그때, 루실이 미소 짓기 시작했습니다.

"야, 맞아! 내가 왜 그 생각을 못했지?" 그녀가 말했습니다.

나는 나 자신을 가리켰습니다.

"왜냐면 내가 이 중에서 가장 똑똑하니까, 그래서 그렇지!" 내가 정말 행복하게 말했습니다.

그 후, 우리는 모두 한 발씩 깡충깡충 뛰며 빙글빙글 돌았습니다.

그리고 나와 그 그레이스는 하이 파이브를 했습니다.

왜냐면 우리는 그 할머니네로 갈 거니까요, 물론이고말고요!!!

3장 규칙들

이거 알아요!!?! 이거 알아요!!?!

금요일에, 루실의 할머니가 우리 엄마에게 전화를 걸었습니다!

그리고 그녀는 토요일에 루실과 하룻밤을 보내라고 나를 초대했습니다!

그리고 엄마는 심지어 안 된다고 하지도 않았죠!

내가 그 소식을 들었을 때 내 두 발은 집 안 곳곳을 빠르게 뛰어다녔습니다!

"나는 하룻밤 자고 올 거야! 나는 하룻밤 자고 올 거야! 나는 하룻밤 자고 올 거야!" 나는 외쳤습니다.

나는 나의 남동생 올리(Ollie)의 방으로 빠르게 뛰어갔습니다.

"야, 올리! 나는 하룻밤 자고 올 거야! 나는 하룻밤 자고 올 거라고! 나는 하룻밤 자고 오—"

바로 그때, 엄마가 문으로 뛰어 들어왔고 그녀는 나를 곧장 그곳에서 휙 하고 데리고 나왔습니다.

그것은 기분이 좋지 않았습니다.

나는 내 몸을 툭툭 털어 냈습니다.

"좋아요, 그런데 엄마는 사실 사람들을 휙 하고 데리고 나오면 안 돼요." 나는 살짝 조용히 말했습니다.

엄마는 나를 향해 그녀의 목소리를 높였습니다.

"이게 몇 번째니, 주니 B.? 엄마가 너한테 올리가 자고 있을 때는 올리의 방에 있지 말라고 몇 번을 말했니? 응? 몇 번을?"

나는 잠시 생각했습니다.

"백만조(million bazillion)번이요." 내가 말했습니다. "그런데 그건 그냥 어림잡은 숫자예요."

엄마는 몹시 화가 나서 나를 노려보았습니다.

나는 두 발로 서서 몸을 앞뒤로 흔들었습니다.

"어림잡은 숫자는 엄마가 실제 숫자를 모를 때 쓰는 거예요. 그리고 그러니까 엄마가 숫자를 만들어 내는 거죠. 왜냐면 그렇게 하면 사람들이 엄마를 귀찮게 하지 않을 테니까요." 내가 설명했습니다. "리카도(Ricardo)라는 이름의 내 남자친구도 나한테 그렇게 말했어요. 내 생각에, 걔네 아빠는 보험을 파는 것 같아요."

엄마는 화가 나서 발을 툭툭 굴렀습니다.

"우리는 리카도의 아빠에 관해 이야기하고 있는 게 *아니잖니*, 주니 B. 우리는 올리가 자고 있을 때 그 애의 방에 들어가는 것에 관해 이야기하고 있어. 그리고 또, 나는 네가 루실의 집에서 하룻밤 자고 와도 된다고 말하지 않았어. 나는 먼저 네 아빠랑 그것에 대해 이야기를 나누어 보고 싶거든."

나는 그녀의 다리를 끌어안았습니다.

"제발요, 엄마? 제발요? 네? 내가 잘할게요. 내가 약속해요, 내가 약속할게요, 내가—"

바로 그때, 현관문이 열렸습니다.

그것은 나의 아빠였습니다!

그가 퇴근하고 집에 온 것이었죠!

나는 재빠른 로켓처럼 그에게로 달려갔습니다.

그런 다음 마찬가지로, 나는 그의 다리도 끌어안았습니다. 그리고 아빠도 나를 떨쳐 낼 수 없었습니다.

"내가 잘할게요, 아빠! 내가 약속해요! 내가 약속할게요! 내가 약속한다고요!"

갑자기, 엄마는 나를 또다시 휙 하고 데려갔습니다. 그녀는 나를 거실에 내려놓았습니다.

그런 다음 엄마와 아빠는 복도에서 속삭였습니다.

그리고 맞혀 볼래요?

그들은 내가 루실의 집에 가도 된다고 했어요!!!

"이야! 만세! 야호!" 나는 소리쳤습니다.

그 후, 나는 조금 더 뛰어다니기 시작했습니다. 하지만 아빠는 빠르게 내 벨트를 붙잡았습니다.

"좋아요, 그런데 문제는 이거예요. 나는 사실 뛰고 있지 않아요." 내가 그에게 말했습니다.

"아니. . . 문제는 *이거란다*." 아빠가 말했습니다. "네가 루실과 함께 하룻밤을 보내기 전에, 넌 이 규칙들에 동의해야 해."

나는 내 눈썹을 치켜 올렸습니다.

"규칙들이요?" 내가 물었습니다. "자고 오는 것에 규칙들이 있어요?"

"많은 규칙들이 있지." 아빠가 말했습니다.

그리고 나서 아빠와 엄마는 내 옆으로 몸을 숙였습니다. 그리고 그들은 내게 하룻밤 자고 오는 것에 관한 규칙들을 말해 주었습니다.

그것들은 이런 거예요: 달리기 금지, 점프하기 금지, 소리치기 금지, 꺅 소리지르기 금지, 고함치기 금지, 기웃거리기 금지, 훔쳐보기 금지, 말싸움하기 금지, 싸우기 금지, 게임에서 반칙하기 금지, 할머니에게 말대꾸하기 금지, 다른

사람의 장난감 망가뜨리기 금지, 툴툴대기 금지, 울기 금지, 거짓말하기 금지, 사람들이 안 된다고 말할 때 그들을 간지럼 태우기 금지, 늦게까지 깨어 있기 금지, 그리고 당연히 박치기하기 금지.

그 규칙들을 다 들은 후, 나는 한숨을 쉬었습니다.

"좋아요, 그렇지만 그렇게 되면 사실 내가 할 수 있는 일이 별로 남지 않네요." 내가 말했습니다.

엄마는 내 머리를 헝클였습니다.

"미안하구나, 애야. 그런데 그게 조건이야." 그녀가 말했습니다. "하기 싫으면 관두렴."

"할 거예요!" 내가 소리쳤습니다. "나는 그 거래를 받아들일 거예요!"

그런 다음 나는 엄마와 아빠의 볼에 뽀뽀했습니다.

그리고 나는 그들을 아주 꽉 껴안았습니다.

그리고 그들은 또다시 나를 떨쳐 낼 수 없었습니다.

4장 내 가방 싸기

그다음 날 아침은 토요일이었습니다.

나는 침대에서 뛰쳐나와 부엌으로 달려갔습니다.

그런 다음 나는 크고, 거대한 비닐봉

지를 하나 챙겼습니다. 그리고 나는 루실의 집에 가져갈 짐을 싸러 내 방으로 다시 달려갔습니다.

먼저, 나는 내가 가장 좋아하는 베개를 챙겼습니다. 그런 다음 나는 나의 잠옷과 목욕 가운과 토끼처럼 생긴 실내화를 챙겼습니다. 또, 나는 나의 담요와 이불과 작고, 멋진 양탄자를 챙겼습니다.

마지막으로, 나는 필립 조니 밥(Phillip Johnny Bob)이라는 이름의 나의 코끼리 인형을 챙겼습니다.

그는 봉지 안에서 나를 올려다봤습니다. 좋아, 그런데 여기 문제가 있어, 그가 말했습니다. 너는 사실 나를 비닐봉지 안에 넣어서는 안 돼. 왜냐면 나는 이 봉지 안에서 질식(suffercate)할 수도 있거든.

내 눈이 휘둥그레졌습니다.

"안 돼!" 나는 정말 당황하며 말했습니다. "내가 그걸 잊고 있었어!"

그래서 내가 재빨리 내 가위를 가져와서 그 녀석을 위한 숨구멍을 뚫어 주었던 것입니다.

필립 조니 밥은 공기를 들이마셨습니다. 좀 낫네, 그가 말했습니다.

나는 그의 코를 쓰다듬었습니다. 그러고 나서 나는 거실로 갔습니다. 그리고 나는 엄마가 일어날 때까지 만화 영화를 보았습니다.

얼마 지나지 않아, 나는 복도에서 그녀의 실내화 소리를 들었습니다.

"엄마! 엄마! 난 준비가 다 됐어요!" 내가 말했습니다. "난 루실의 집에 갈 준비가 다 됐다고요!"

나는 엄마를 내 방으로 끌고 와서 그녀에게 나의 비닐봉지를 보여 주었습니다.

엄마는 그녀의 고개를 저었습니다. "물건이 너어어어어무 너무 많아." 그녀가 말했습니다.

그러고 나서 그녀는 선반에서 작은 여행 가방 하나를 가져왔습니다. 그리고 그녀는 나의 잠옷과 실내화와 목욕 가운과 칫솔을 넣었습니다.

그 후, 그녀는 그녀의 벽장에서 침낭 하나를 가져왔습니다. 그리고 그녀는 그 위에 내 베개를 올렸습니다.

"자. 이게 네게 필요한 전부야. 너는 준비가 모두 끝났어." 그녀가 말했습니다.

나는 공중으로 뛰어올랐습니다.

"준비 끝!" 나는 정말 기쁘게 소리쳤습니다. "주니 B. 존스는 루실의 집에 갈 준비가 모두 끝났어요!"

그 후, 나는 필립 조니 밥을 재빨리 집어 들었습니다. 그리고 나는 내 물건을 현관문으로 끌고 갔습니다.

"좋아요! 이제 가요!" 나는 정말 신이 나서 외쳤습니다.

엄마는 아기 올리의 방에 있었습니다. 그녀는 나오지 않았습니다.

"좋아요! 나는 이제 밖으로 나가요! 주니 B. 존스가 차에 타려고 밖으로 나가네요!" 내가 더 크게 소리 질렀습니다.

바로 그때, 엄마가 나를 잡으러 달려 왔습니다.

"안 돼, 주니 B.! 아니야! 엄마가 너를 루실의 집으로 데려다 주는 게 아니잖니, 기억하지? 3시에 루실의 할머니가 너를 데리러 오실 거야. 내가 너에게 말했잖니. 엄마는 분명 그렇게 말했어."

갑자기, 내 어깨가 매우 축 처졌습니다. 왜냐면 나는 사실 그 정보가 기억나지 않았거든요, 그래서 그렇죠.

"이런." 내가 정말 슬프게 말했습니다. "3시까지는 시간이 엄청 걸릴 텐데."

그 후, 나는 식탁에 풀썩 주저앉아 나의 아침밥을 먹었습니다.

그러고 나서 나는 현관 계단에 앉았습니다.

그리고 나는 나의 그네를 탔습니다.

그리고 나는 책을 조금 읽었습니다.

그리고 나는 치즈 샌드위치를 먹었습니다.

그리고 나는 백만조까지 셌습니다.

그리고 나는 계단에 조금 더 앉아 있었습니다.

그리고 그런 다음 맞혀 볼래요?

드디어 3시가 됐어요!

나는 우리 집 진입로에서 커다란 금색 자동차를 보았습니다!

"저기요! 할머니가 왔어요! 할머니예요! 할머니가 왔다고요!" 나는 몹시 흥분해서 말했습니다.

엄마와 아빠는 서둘러 문으로 갔습니다.

"갈 준비 됐니?" 엄마가 말했습니다.

"준비됐어요!" 내가 외쳤습니다. "주니 B. 존스는 갈 준비가 됐어요!"

부자 할머니는 그녀의 차에서 내렸습니다.

나는 내 두 팔로 그녀를 와락 껴안았습니다.

"안녕하세요, 할머니! 안녕하세요! 안녕하세요! 나는 하루 온종일 할머니를 기다리고 있었어요!"

엄마는 나를 그녀에게서 떼어냈습니다.

"죄송해요." 그녀가 말했습니다. "주니 B.가 약간 힘이 넘치는 것 같아 걱정이네요. 얘는 몇 시간 동안이나 계단에 앉아 있었어요."

나는 공중으로 아주 높이 뛰어올랐습니다.

"계단에 앉아 있었고 말고요!" 내가 말했습니다. "주니 B. 존스가 계단에 앉아 있었어요!"

아빠와 엄마는 커다란 금색 캐틀락으로 내 물건을 가져왔습니다.

그리고 이거 알아요? 그들이 그 문을 열었을 때, 루실과 그 그레이스가 이미 뒷좌석에 타 있었어요!

"루실! 그레이스! 나는 너희가 이미 여기에 있는 줄은 전혀 몰랐어! 그리고 그러니까 이건 기분 좋은 깜짝 선물이야!"

나는 그들을 간지럼 태우려고 안으로 손을 뻗었습니다. 하지만 엄마가 내 손을 밖으로 끄집어냈습니다.

"제발, 주니 B. 시작하지 마." 그녀가 말했습니다.

나는 그녀에게 경례했습니다.

"네, 네, 대장님." 나는 아주 웃기게 말했습니다.

그 후, 나는 차에 탔고 부드러운 좌석 위에서 폴짝 뛰었습니다.

그렇지만 나에게는 참으로 안타까운 일이었습니다. 왜냐하면 내가 실수로 너무 높이 뛰었기 때문입니다. 그래서 나는 내 머리를 자동차 천장에 쿵 하고 박았습니다.

할머니는 헉하고 숨을 쉬었습니다.

나는 그녀를 토닥거렸습니다.

"알아요, 그런데 이건 나를 당황하게 하지도 않았어요." 내가 말했습니다.

그 후, 나는 내 안전벨트를 맸습니다.

그리고 나는 엄마와 아빠에게 작별 인사로 손을 흔들었습니다.

그리고 할머니는 우리를 태우고 출발했습니다.

5장 무도회 가기

루실은 가운데에 앉아 있었습니다.

그녀는 나와 그 그레이스에게 아주 조용히 속삭였습니다.

"내 푸들을 사 달라고 졸라 봐." 그녀가 말했습니다. "너희가 약속했잖아, 기억하지? 너희가 내 푸들을 사 달라고 조르기로 약속했잖아."

나와 그 그레이스는 서로를 바라보고 또 바라보았습니다. 왜냐하면 우리는 사실 그 일을 딱히 하고 싶지 않았거든요.

루실은 우리를 손가락으로 쿡 찔렀습니다.

"어서! 너희가 약속했잖아!" 그녀가 속삭였습니다. "너희가 조르기로 약속했잖아!"

나는 한숨을 쉬었습니다.

그런 다음 나는 무슨 말을 해야 할지 생각하고 또 생각했습니다.

마침내, 나는 숨을 깊게 들이마셨습니다.

"저기요, 할머니. 그거 아세요? 보니까, 루실이 푸들을 갖고 싶대요. 그리고 그래서 할머니가 루실에게 푸들 한 마리를 사 줄 수 있나 해서요, 어떻게 생각해요?" 내가 물었습니다.

"맞아요, 그래 줄 수 있어요?" 그 그레이스가 물었습니다. "왜냐면 얘는 우리가 할머니한테 조르게 하고 있거든요. 안 그러면 우리는 하룻밤을 자고 갈 수 없어요."

할머니의 입이 떡 하니 벌어졌습니다.

"오오오오. 그러니까 이게 다 그렇게 된 일이구나, 맞지? 음, 내 손녀딸은 내가 개 알레르기가 있다는 걸 아주 잘 알고 있을 텐데. 그러니 너희는 루실에게 푸들은 이야기해 봐야 소용없다고 말하면 된단다, 유감이지만 말이야."

나는 루실을 매우 이해심 있게 토닥였습니다.

"푸들은 얘기해 봐도 소용없대, 우리도 유감이야." 내가 말했습니다.

루실은 자신의 발을 위아래로 찼습니다.

"더 열심히 졸라 봐." 그녀가 속삭였습니다. "너희는 더 열심히 졸라야 해."

나는 얼굴을 찡그렸습니다.

"할머니는 그 문제에 관해 단호한 거예요, 할머니?" 내가 물었습니다.

"푸들은 안 돼, 루실!" 할머니가 몹시 딱딱하게 말했습니다.

루실은 자신의 발을 조금 더 찼습니다.

"나는 이 바보 같은 생각이 먹히지 않을 줄 알았어!" 그녀가 툴툴댔습니다.

바로 그때, 차가 커다란 철문 앞에 멈추었습니다.

그레이스의 눈이 휘둥그레졌습니다.

"우와! 이 문은 성에 있는 문 같아." 그녀가 말했습니다.

루실은 살짝 미소 지었습니다.

"이건 성문이 아니야, 이 바보, 그레이스야." 그녀가 말했습니다. "이건 우리 집으로 가는 문이라고."

할머니가 버튼을 눌렀고, 그러자 그 문이 바로 우리 눈앞에서 열렸습니다.

"야, 저 버튼은 마법 같아!" 내가 말했습니다.

루실은 조금 더 환하게 웃었습니다.

그 후, 할머니는 기다란 진입로를 따라 운전했습니다. 그녀는 크고, 아름다운 집 앞에 멈춰 섰습니다.

루실은 차에서 뛰어 내려 안으로 달려갔습니다.

나와 그 그레이스는 그녀의 뒤를 따라갔습니다.

그리고 이거 알아요? 루실의 집은 밖에서 보는 것보다 안이 훨씬 더 아름다웠어요!

아름답고 길게 늘어선 계단이 있었습니다. 그리고 꽃이 담긴 아름답고 커다란 화분도요. 그리고 아름답고, 거대하고, 유리로 만들어진 반짝이는 천장 조명도 있었어요.

나는 그 반짝이는 것을 보고 헉 하는 소리를 냈습니다!

"저 천장 조명은 숨이 막힐 정도로 예쁘다!" 내가 말했습니다.

루실은 원을 그리며 이리저리 한 발씩 깡충깡충 뛰었습니다.

그녀는 우리 귀에 대고 시끄러운 노래를 불렀습니다.

"보이지? 보여? 내가 너희한테 나는 부자라고 말했지! 보여? 보이지? 내가 너희한테 난 부자라고 말했다고!" 그녀가 노래했습니다.

그녀는 그 노래를 지어낸 것 같아요, 내 생각에는요.

그 후, 그녀는 우리의 손을 잡고 우리에게 그녀의 집에 있는 모든 방을 보여 주었습니다.

그녀는 우리에게 거실을 보여 주었습니다. 그리고 식당도요. 그리고 부엌도요. 그리고 크고 거대한 정원도요. 그리고 아빠의 사무실도요. 그리고 엄마의 사무실도요. 그리고 거실도요. 그리고 여러분이 포켓볼을 치는 당구장도요. 그리고 여러분이 수영하는 야외 수영장도요. 그리고 온수 욕조도요. 그리고 서재도요. 그리고 운동 공간도요. 그리고 할머니의 방도요. 그리고 엄마와 아

빠의 방도요. 그리고 자쿠지(Jacuzzi)가 있는 화려한 금색 욕실도요. 그리고 오빠의 방도요. 그리고 엄청, 엄청 많은 손님방들도요.

그런 다음 마지막으로, 루실은 우리에게 그녀만의 침실을 보여 주었습니다!

그리고 그것은 공주님이 사는 침실처럼 보였습니다!

루실의 침대 위에는 분홍색 주름 장식이 있는 지붕이 드리워져 있었습니다.

"그건 캐노피(canopy)라고 불러." 그녀가 설명했습니다. "그건 내 분홍 실크 커튼과 내 분홍 실크 침대보하고 잘 어울리지. 그리고 내 분홍 전화기하고도. 그리고 고급 천으로 만들어진 내 분홍 양탄자하고도. 그리고 위에 분홍색 꽃이 그려진 내 벽지하고도 말이야.

"그리고 내 TV 보이지? 그리고 내 오디오도? 그리고 내 컴퓨터도? 그리고 내 CD 플레이어도 보여?"

그녀는 구석을 가리켰습니다. "그리고 너희 저기에 서 있는 내 커다란 동물 인형들도 모두 봤니?" 그녀가 물었습니다.

내 두 눈은 그 커다란 녀석들을 보고 튀어나올 뻔했습니다. 기린 인형은 심지어 나보다 더 컸습니다!

나와 그 그레이스는 그 인형들과 놀

기 위해 달려갔습니다.

"안 돼! 멈춰! 하지 마!" 루실이 소리 쳤습니다. "너희들은 저것들을 만지면 안 돼! 저것들은 그냥 보여 주기용이라고!"

"응?" 그 그레이스가 말했습니다.

"뭐라고?" 내가 말했습니다. "어째서?"

"왜냐하면 저 인형들은 비싸거든, 그게 이유야." 그녀가 말했습니다. "저 동물 인형들에 우리 할머니가 많은 돈을 썼거든."

"오." 나는 살짝 실망해서 말했습니다.

"오." 그 그레이스가 말했습니다.

우리는 루실의 침대에 앉았습니다.

루실은 우리를 향해 다시 소리쳤습니다. "안 돼! 일어나! 너희들은 거기에 앉으면 안 돼! 그 침대보도 그냥 보여 주기용이야!"

나와 그 그레이스는 거기에서 곧장 뛰어 내려왔습니다.

루실은 재빨리 그녀의 손으로 그 천을 매만졌습니다.

"너희 둘은 아무것도 모르는 거니?" 그녀가 말했습니다. "이 침대보는 실크로 만들어진 거라고, 내가 너희한테 얘기했잖아. 나는 이걸 더러워지게 하면 안 돼."

"오." 내가 말했습니다.

"오." 그 그레이스가 말했습니다.

그 후, 루실은 그녀의 화장대 쪽으로 한 발씩 깡충깡충 뛰어갔습니다. 그리고 그녀는 그녀의 거울에 달린 버튼 하나를 눌렀습니다.

백만조 개의 전등이 켜졌습니다!

"이것 봐." 그녀가 말했습니다. "이건 바로 나만의 전문가용 화장 거울이야! 이건 사람들이 영화배우에게 쓰는 거울이랑 같은 종류지. 우리 할머니가 캘리포니아(California)에 있는, 저기 할리우드(Hollywood)에서부터 이걸 가져다주셨어!"

나와 그 그레이스는 그 빛나는 거울로 달려갔습니다. 우리는 밝은 조명 속에서 우리의 모습을 바라보았습니다.

그러고 나서 우리는 우리의 혀를 쑥 내밀어 웃긴 표정을 지었습니다.

루실은 재빨리 불을 껐습니다.

"이건 장난감이 아니야!" 그녀가 툴툴댔습니다.

그 후, 나와 그 그레이스는 그저 아주 가만히 서 있었습니다. 그리고 우리는 아무것도 건드리지 않았습니다.

"이거 긴 밤이 되겠는걸." 나는 살짝 조용히 말했습니다.

하지만 바로 그때, 아주 멋진 일이 일어났습니다!

루실의 할머니가 방으로 들어온 것입니다! 그리고 그녀는 변장놀이용 옷이 든 커다란 상자를 들고 있었습니다!

"내 생각엔 너희 꼬마 아가씨들이 내 오래된 이브닝 드레스 몇 벌을 가지고 재미있게 놀 수 있을 것 같구나." 그녀가 정말 상냥하게 말했습니다. "이 옷들은 정말 오래되었어. 하지만 이것들은 아직도 굉장히 아름답지."

루실은 그 상자로 아주 빠르게 뛰어갔습니다.

"우리 신데렐라(Cinderella) 놀이 하자!" 그녀가 말했습니다.

그녀는 아름답고, 반짝이는 분홍 드레스를 꺼냈습니다.

"나는 신데렐라야!" 그녀가 소리 질렀습니다.

그러자 그 그레이스는 나를 자신의 옆으로 밀쳐냈습니다. 그리고 그녀도 마찬가지로, 그 상자로 달려갔습니다.

그녀는 반짝이는 파란 드레스를 꺼냈습니다.

"나는 요정 할머니야!" 그녀가 외쳤습니다.

나는 그 둘을 향해 씩씩댔습니다. 왜냐하면 이제 나는 못생긴 새언니들이 되어야 했으니까요, 아마도 말이죠.

나는 몸을 숙여 상자 안을 아주 살살이 뒤졌습니다.

그때 갑자기, 내 손에 무언가 기다랗고 비단 같이 부드러운 무언가가 느껴졌습니다.

나는 재빨리 그것을 상자에서 꺼냈습니다.

할머니의 얼굴 전체가 환해졌습니다.

"어머나! 내 오래된 깃털 목도리잖아!" 그녀가 말했습니다. "어쩜, 나는 이걸 몇 년 동안이나 보지 못했어!"

나는 그 사랑스러운 것을 들고 이리저리 춤을 추었습니다.

"난 이게 너무 좋아요, 할머니! 나는 이 오래된 깃털 목도리가 너무 좋아요!"

바로 그때, 또 다른 훌륭한 생각 하나가 내 머릿속에 떠올랐습니다.

"얘들아! 나 알겠어! 나는 신데렐라의 무도회에서 노래를 부르는 유명 가수를 할 거야!"

루실과 그 그레이스는 나를 이상한 표정으로 바라보았습니다.

"무슨 가수?" 루실이 말했습니다.

"가수는 없는데." 그 그레이스가 말했습니다.

나는 그들을 향해 내 발을 쿵쿵 굴렀습니다.

"있어, 있다고! 가수도, 마찬가지로, 있단 말이야! 그리고 내가 그 가수야! 그리고 내 이름은 유명 가수 플로렌스(Florence the Famous Singer)지! 그리고 나는 인기 뮤지컬 애니(Annie)의 주제곡을 부를 거야! 그런 줄 알아!"

루실과 그레이스는 나를 향해 그들

의 어깨를 으쓱했습니다.

그러고 나서 그들은 그들의 아름다운 드레스로 차려입었습니다.

그리고 그들은 무도회에 갔습니다.

그리고 나는 "내일은 태양이 뜰 거야" 하며 노래를 불렀습니다.

6장 폴짝 뛰기

우리가 신데렐라 놀이를 끝내고 난 뒤, 할머니는 우리를 저녁 식사에 불렀습니다.

나와 루실과 그 그레이스는 커다란 식당으로 깡충깡충 뛰어갔습니다. 우리는 길고, 반짝이는 식탁에 앉았습니다.

얼마 지나지 않아, 루실의 할머니가 부엌에서 나왔습니다. 그리고 그녀는 우리에게 저녁을 차려 주었습니다.

그리고 그거 아세요?

그것의 이름은 콩과 소시지(beans and Frank)였어요!

"만세!" 내가 말했습니다. "콩과 소시지 만세! 왜냐면 이건 내가 제일 좋아하는 종류의 집 요리거든요!"

할머니는 살짝 미소 지었습니다.

"음, 우리는 평소에 요리사를 둔단다. 그런데 내가 그녀에게 하룻밤 휴가를 주었지." 그녀가 말했습니다.

그 후, 할머니는 예쁘고 반짝거리는 유리잔에 우유를 따랐습니다.

"오오오오. 할머니! 이 잔들은 할머니가 가진 최고급 크리스털 잔이잖아요!" 루실이 몹시 신이 나서 말했습니다. "나는 이 비싼 잔이 정말 좋아요!"

"나도, 그래요! 나도 마찬가지로, 이 비싼 잔이 정말 좋아요!" 내가 말했습니다.

하지만 내게는 참으로 안타까운 일이었습니다. 왜냐면 아무도 내게 그 크리스털 잔이 아주 무겁다는 사실을 전혀 말해 주지 않았으니까요.

그리고 그래서 내가 나의 잔을 들어 올렸을 때, 그것은 곧장 내 손에서 미끄러졌습니다.

그리고 그 잔은 바닥에 떨어졌습니다!

그리고 그것은 산산조각이 났습니다!

루실의 입이 떡 하니 벌어졌습니다.

"오 이런! 네가 저걸 깼어! 네가 우리 할머니의 크리스털 잔을 깨 버렸다고!"

할머니의 얼굴이 빨개지고 일그러졌습니다.

"죄송해요, 할머니." 나는 아주 조용하게 말했습니다. "제가 할머니의 크리스털 잔을 깨서 죄송해요."

할머니의 양 볼은 안쪽으로 완전 쑥

들어가 있었습니다.

"우리 조금 더 조심하도록 하자, 어떠니, 애야?" 그녀가 말했습니다.

나는 내 고개를 위아래로 끄덕였습니다.

"그럴게요." 내가 대답했습니다.

그 후, 나는 내 콩과 소시지 요리를 정말 조심스럽게 먹었습니다. 하지만 얼마 지나지 않아, 내 소시지가 포크에서 떨어졌습니다. 그리고 그것은 할머니의 하얀 식탁보 위로 떨어졌습니다.

"오 이런!" 루실이 소리쳤습니다. "그건 우리 할머니의 고급 리넨(linen) 식탁보야! 할머니는 그걸 저 멀리 아일랜드(Ireland)에서부터 가져왔다고!"

할머니의 얼굴은 찌푸려지고 부풀어 올랐습니다.

나는 빠르게 내 접시를 나에게서 밀어냈습니다.

나는 속이 꼬이는 것 같았습니다.

"좋아요, 그런데 이거 알아요? 나는 사실 더 이상 배가 고프지 않아요. 그리고 그래서 내 생각에, 나는 그냥 여기 앉아서 아무것도 흘리지 않을 거예요."

할머니는 젖은 수건으로 내가 흘린 것들을 치웠습니다.

그녀가 다 치우고 나서, 그녀는 우리에게 후식으로 초콜릿 아이스크림을 가져다주었습니다.

하지만 내게는 참으로 안타까운 일이었습니다. 왜냐면 자그마한 아이스크림 한 숟갈이 곧장 내 숟가락에서 퐁당 떨어졌으니까요. 그리고 그것은 나의 의자 쿠션 위로 떨어졌습니다.

할머니는 크게 한숨을 쉬었습니다.

"너는 약간 천방지축이로구나, 안 그러니, 애야?" 그녀가 말했습니다.

"죄송해요, 할머니." 내가 말했습니다. "죄송해요, 죄송해요, 죄송해요."

할머니는 내 손을 아주 뻣뻣하게 쓰다듬었습니다.

"정말 괜찮단다." 그녀가 살짝 중얼거리며 말했습니다.

그 후, 나는 식탁에서 내려왔습니다. 그리고 나와 내 친구들은 루실의 방으로 돌아갔습니다.

그리고 이거 알아요?

상황이 더 재미있어졌습니다!

왜냐면 루실이 우리가 그녀의 옷장 안에서 게임을 하며 놀 수 있다고 말했거든요! 왜냐하면 그 게임들은 비싸지도 않으니까요!

먼저, 우리는 미끄럼틀과 사다리(Chutes and Ladders) 게임을 했습니다. 그런 다음 우리는 트위스터(Twister)와 빙고(Bingo)와 다이아몬드 게임(Chinese checker)과 틱-택-토드(Tic-Tac-Toad)와 캔디랜드(Candyland)를 했습니다. 그리고 또 우리는 완전 어지러워서 쓰러질 때까지 빙빙 돌기(Let's Spin Till We Get Real Dizzy and Fall Down) 놀이를 했습니다.

그리고 그거 아세요? 나는 아무것도 깨뜨리지도 않았어요!

"저기! 내 생각엔 내가 이 파티에 대해 감을 잡기 시작한 것 같아!" 나는 몹시 행복하게 말했습니다.

바로 그때, 할머니가 루실의 방문을 똑똑 두드렸습니다.

"우리 아가씨들이 잠옷을 입을 시간이구나." 그녀가 우리에게 말했습니다.

나는 정말 행복하게 방 여기저기를 다니며 춤을 췄습니다.

"만세!" 내가 말했습니다. "잠옷 만세! 왜냐면 나는 내가 제일 좋아하는 잠옷을 가져왔거든요!"

나는 빠르게 그것을 입었습니다.

"이거 보여요, 할머니? 내 잠옷이 얼마나 크고 헐렁한지 보여요? 그래서 이 잠옷이 이렇게 편하게 느껴지는 거예요!"

할머니의 눈이 나를 내려다보았습니다.

"참. . . *멋지구나.*" 그녀가 말했습니다.

바로 그때, 그 그레이스가 바로 내 앞에서 폴짝 뛰었습니다.

"제 것도 봐요, 할머니!" 그녀가 말했습니다. "제 잠옷 보여요? 제 잠옷은 형광 녹색의 물방울무늬가 있어요!"

"참. . . *화려하구나.*" 할머니가 말했습니다.

갑자기, 루실이 그녀의 커다란 옷장 안에서 튀어나왔습니다.

"짜-잔! 모두, 나를 좀 봐! 나는 내 아름다운 분홍색 새틴(satin) 잠옷을 입고 있어! 나 보여? 내가 얼마나 사랑스러워 보이는지 좀 봐! 이걸 입으니까 내가 멋진 모델 같지!" 그녀가 말했습니다.

루실은 나와 그 그레이스에게 그녀의 옷을 만져 보게 했습니다.

"참. . . *부드럽네.*" 내가 말했습니다.

그 후, 나와 그 그레이스는 바닥에 우리의 침낭을 펼쳤습니다. 그리고 할머니는 루실의 침대에서 실크 침대보를 걷어 냈습니다.

"네가 푹 잘 시간이란다, 공주님." 그녀가 루실에게 말했습니다.

그런 다음 그 둘은 잘 자라며 뽀뽀하고 껴안았습니다. 그리고 할머니는 문을 닫았습니다.

그런데 그거 알아요?

루실은 침대에 눕지도 않았습니다. 그녀는 그녀의 분홍색 새틴 잠옷을 입고 계속해서 이리저리 빙글빙글 돌았습니다.

"이게 모델들이 빙글빙글 도는 방식이야." 그녀가 말했습니다. "모델들은 너희가 그들의 앞모습과 뒷모습을 볼 수 있도록 빙글빙글 돌아."

루실은 빙글빙글 도는 것을 멈추지 않았습니다.

"내 앞모습 보여? 내 뒷모습도 보이지?" 그녀가 말했습니다.

나와 그 그레이스는 그녀가 빙글빙글 도는 것을 보기 위해 그녀의 침대 위로 올라갔습니다.

루실의 침대는 부드럽고 푹신푹신했습니다.

우리는 거기에서 아주 살짝 뛰어올랐습니다.

루실이 빙글빙글 도는 것을 멈추었습니다.

"야! 그만해!" 그녀가 말했습니다. "그 침대는 오로지 푹 잘 때만 쓰는 거라고!"

나는 정말 감탄하며 그녀의 침대를 쓰다듬었습니다.

"맞아, 그런데 우리가 실제로 여기 위에서 놀 수 없는 건 참 안타까운 일이야. 왜냐면 이 매트리스는 탱탱한 매트리스니까." 내가 말했습니다.

바로 그때, 루실의 얼굴에 슬그머니 미소가 비쳤습니다.

"폴짝 뛰고 싶어?" 그녀는 아주 조용하게 말했습니다. "정말, 정말로 폴짝 뛰고 싶어?"

그녀가 그녀의 방문까지 까치발로 걸어가 복도를 내려다보았습니다.

"어서." 그녀가 속삭였습니다. "날 따라와."

나는 필립 조니 밥을 들고 루실과 그 그레이스 뒤를 따라갔습니다.

우리는 까치발로 복도를 따라 가서 모퉁이를 돌았습니다.

그리고 나서 루실은 큰 손님방으로 가는 문을 열었습니다. 그리고 거기에는 거대한 침대가 하나 있었습니다!

"이거 봐!" 그녀가 말했습니다. "이 침대가 얼마나 *거대한지* 보여? 우리 할머니가 키가 큰 손님들이 올 때를 위해서 이걸 특별히 만들었어!"

루실은 빠르게 우리 뒤에 있는 문을 닫았습니다.

"어서! 가자!" 그녀가 말했습니다.

그리고 그래서 우리는 모두 그 커다란 침대로 아주 잽싸게 달려갔습니다! 그리고 우리는 그 침대 위에서 뛰고 또 뛰고 또 뛰었습니다!

나는 기쁜 노래를 불렀습니다.

그것은 "뛰어요, 뛰어요, 커다란 침대 위에서 뛰어요"라고 불립니다.

"뛰어요. . . 뛰어요. . . 커다란 침대 위에서 뛰어요." 내가 노래했습니다.

하지만 내게는 참으로 안타까운 일이었습니다. 왜냐면 갑자기, 나는 아주 중요한 것이 생각났기 때문입니다. 그리고 그것은 엄마랑 아빠가 뛰기 금지라고 했지라고 불립니다.

나는 그 침대에서 아주 잽싸게 내려왔습니다.

"좋아, 그런데 문제가 있어." 내가 말했습니다. "나는 사실 뛰어서는 안 돼. 왜냐면 엄마랑 아빠가 뛰기 금지라고 말했거든. 그리고 그래서 너희들도 마찬가지로, 뛰는 걸 멈춰야 해. 왜냐면 그래야 너희가 예의 바른 거니까."

루실과 그 그레이스는 나를 거들떠보지도 않았습니다.

그래서 내가 그 커다란 침대 위로 다시 올라가 그들의 얼굴에 대고 소리쳐야 했던 것입니다. "그만 뛰어, 내가 말했잖아! 왜냐면 나는 뛰어서는 안 되니까! 그리고 너희들도 마찬가지로, 뛰어서는 안 된다고!"

그레이스는 공중으로 아주 높이 뛰어올랐습니다.

"누가 뛰어? 나는 뛰고 있지 않아." 그녀가 말했습니다.

그녀는 매우 바보 같이 킥킥거렸습니다. "나는 폴짝거리고 있다고!"

바로 그때, 내 얼굴이 온통 행복해졌습니다.

나는 그 애를 껴안고 또 껴안았습니다.

왜냐면 엄마와 아빠는 내가 폴짝거리면 안 된다고는 하지 않았거든요!

그 후, 나는 폴짝폴짝 뛰고 또 뛰고

또 뛰었습니다.

"폴짝 뛰어요. . . 폴짝 뛰어요. . . 커다란 침대 위에서 폴짝 뛰어요." 나는 노래했습니다.

나는 내 머리에 땀이 날 때까지 폴짝 뛰었습니다.

그러고 나서 나는 쉬기 위해 침대에 털썩 주저앉았습니다.

나는 푹신한 베개 위로 털썩 앉았습니다.

"오오오오, 루실! 이건 내가 지금까지 본 것 중 가장 푹신한 베개야!" 내가 그녀에게 말했습니다.

"당연히 그렇지, 바보야." 루실이 말했습니다. "그건 왜냐하면 우리 할머니가 그녀의 모든 베개를 스웨덴에서 수제로 만든 것으로 쓰기 때문이야."

나는 빠르게 내 친구 그레이스에게 그 푹신한 베개를 휘둘렀습니다.

"그레이스! 야, 그레이스! 이 베개가 얼마나 푹신한지 느껴 봐!" 내가 말했습니다.

하지만 그레이스는 사실 그 베개가 날아오는 것을 보지 못했습니다. 그리고 그것은 그만 그녀의 머리를 치고 말았습니다.

나는 베개 아래에 있는 그녀를 살짝 훔쳐보았습니다.

"좋아, 그런데 그 베개가 너를 다치게 하지는 않았잖아, 난 확신해. 왜냐면 푹신한 베개는 사람들을 다치게 하지 않거든. 맞지, 그레이스. 맞지?"

그 그레이스는 살짝 미소 지었습니다.

그런 다음 그녀는 그녀의 머리에 있던 폭신한 베개를 들어 올렸습니다. 그리고 그녀는 그것을 빙빙 휘둘렀습니다. 그리고 그녀는 내 배를 쳤습니다!

"우-우-움!" 내가 말했습니다.

그러고 나서 나는 웃고 또 웃었습니다.

"야! 내 말이 맞지! 폭신한 베개는 사람들을 다치게 하지 않아!"

그 후, 나는 내 폭신한 베개로 루실의 머리를 쳤습니다. 그리고 또, 나는 그레이스를 다시 한번 쳤습니다.

그런 다음 그 애들도 자신의 폭신한 베개를 가져왔습니다. 그리고 우리는 모두 계속해서 서로를 아주 신나게 쳤습니다!

하지만 바로 그때, 실수가 발생했습니다. 왜냐면 나는 내 폭신한 베개에 찢어진 구멍이 있다는 걸 전혀 몰랐으니까요. 그리고 그래서 그 다음에 내가 그레이스를 쳤을 때, 내 깃털이 전부 베개에서 터져 나왔던 것입니다!

둥둥 떠다니는 깃털들이 백만조 개 있었습니다.

그것들은 허공 전체를 가득 채웠습니다, 실제로요.

루실은 헉 하고 숨을 쉬었습니다.

그 그레이스도 마찬가지로, 헉 하고 숨을 쉬었습니다.

나는 몹시 킥킥거리며 이리저리 춤을 추었습니다.

"야! 눈 온다!" 내가 말했습니다. "눈 온다고! 누—"

바로 그때, 방문이 아주 빠르게 홱 열렸습니다!

그것은 루실의 할머니였습니다!

그녀는 내가 터져 버린 폭신한 베개를 들고 있는 것을 보았습니다!

내 심장이 내 안에서 몹시 쿵쾅거렸습니다.

"안녕하세요." 나는 정말 긴장한 채로 말했습니다. "오늘 기분이 어때요? 저는 괜찮아요. 저에게 깃털과 관련된 문제가 살짝 생긴 것만 빼면요, 보시다시피 말이에요."

할머니는 나를 향해 아주 천천히 걸어왔습니다.

그러고 나서 그녀는 내 손에서 내 베개를 빼앗아 갔습니다.

그리고 그녀는 그 납작한 것에 자신의 얼굴을 파묻었습니다.

그리고 그녀는 아주 오랫동안 얼굴을 들지 않았습니다.

잠시 후, 할머니는 우리를 루실의 방으로 다시 데려갔습니다.

나와 필립 조니 밥은 아주 재빠르게 우리의 침낭 안으로 들어갔습니다.

그런 다음 그 그레이스도 마찬가지로, 자신의 침낭 안으로 들어갔습니다. 그리고 루실은 그녀의 부드러운 침대에 누웠습니다.

"너희 아가씨들한테서 한 번만 더 찍소리가 나선 안 돼." 할머니가 아주 성을 내며 말했습니다. "너희들 내 말 듣고 있니? 더 이상 찍소리도 내지 마."

그녀는 불을 끄고 문을 닫았습니다.

나는 꽤 긴 시간 동안 조용히 있었습니다. 왜냐면 나는 그 할머니가 무서웠거든요, 그래서 그렇죠.

갑자기, 나는 어떤 작은 목소리를 들었습니다.

"찍!" 그 목소리가 말했습니다. "찍, 찍, 찍!"

그것은 루실이었습니다.

나와 그 그레이스는 그녀를 향해 큰 소리로 킥킥댔습니다.

"찍." 그 그레이스가 말했습니다.

"찍." 내가 말했습니다.

찍, 필립 조니 밥이 말했습니다.

그런 다음 얼마 지나지 않아, 우리는 모두 사방에서 찍찍거렸습니다.

"찍, 찍, 찍, 찍. 찍, 찍, 찍, 찍."

루실은 계속해서 점점 더 크고 더 크고 또 더 크게 찍찍거렸습니다.

"찍! 찍! 찍!" 그녀가 말했습니다.

또, 그녀는 아주 심하게 킥킥댔습니다.

결국, 나와 그 그레이스는 우리의 침낭에서 일어나 앉았습니다. 우리는 그 애를 물끄러미 쳐다보았습니다.

"루실이 정신없이 찍찍대고 있어." 그 그레이스가 말했습니다.

"어쩌면 쟤는 엄청 피곤한 걸지도 몰라." 내가 말했습니다. "엄청 피곤한 건 네 뇌를 멍청하게 만들거든."

"찍!" 루실이 말했습니다. "찍! 찍! 찍! 찍! 찍!"

바로 그때, 루실의 할머니가 또다시 문을 열었습니다.

"조용!" 그녀가 아주 무섭게 고함쳤습니다.

내 피부에 소름이 돋았습니다.

그런 다음 우리는 모두 재빨리 우리의 이불 안으로 다시 기어 들어갔습니다.

그리고 우리는 눈을 감았습니다.

그리고 우리는 한 번도 찍 하는 소리를 내지 않았습니다.

8장 아침

아침이 정말 일찍 왔습니다.

바깥은 여전히 어두웠습니다.

나는 루실과 그 그레이스를 흔들었습니다.

"나 배고파." 내가 말했습니다. "너희도 배고프지. 나는 정말, 정말로 배가 고프다고."

나는 그들을 조금 더 흔들었습니다.

"우리 밥 먹자. 너희 밥 먹을래? 나는 정말, 정말로 밥 먹고 싶어."

마침내, 루실과 그 그레이스가 하품을 하고 기지개를 켰습니다.

그런 다음 우리는 모두 우리의 목욕 가운을 입고 우리의 실내화를 신었습니다. 그리고 우리는 복도를 따라 가서 아침밥을 위해 할머니를 깨웠습니다.

루실은 그녀를 아주 조심스럽게 흔들었습니다.

"일어나요, 할머니." 그녀가 속삭였습니다.

"일어나요, 할머니." 그 그레이스가 말했습니다.

"일어나요, 할머니." 내가 말했습니다.

할머니는 코를 골았습니다.

그래서 우리가 그녀의 팔을 당겨 그녀를 일으켜야 했던 것입니다. 그리고 우리는 그녀의 얼굴에 밝은 빛을 비추었습니다.

할머니는 매우 크게 하품을 했습니다.

그것은 보기에 좋지 않았습니다.

그 후, 그녀는 그녀의 가운과 실내화를 챙겼습니다. 그리고 그녀는 우리와 함께 아래층으로 내려왔습니다.

우리는 또 한 번 기다란 식탁에 앉았습니다.

할머니는 시리얼 그릇들을 건네주었습니다.

"오, 할머니! 이건 할머니가 프랑스에서 사 온 새 사기그릇이잖아요! 이건 제가 제일 좋아하는 거예요!" 루실이 말했습니다.

갑자기, 나는 또 한 번 속이 꼬이는 것 같았습니다.

나는 할머니의 손을 톡톡 쳤습니다.

"좋아요, 그런데 문제가 있어요. 제 생각에 저는 플라스틱으로 된 시리얼 그릇을 원하는 것 같아요. 왜냐면 플라스틱이 조금 더 제 취향이니까요."

할머니는 눈을 굴려 천장을 올려다보았습니다. 나도 마찬가지로, 그곳을 올려다보았습니다. 하지만 나는 아무 것도 보지 못했습니다.

"나는 플라스틱으로 된 시리얼 그릇을 아예 갖고 있지 않단다." 그녀가 말했습니다.

그 후, 할머니는 오렌지 주스를 가져왔습니다. 그리고 그녀는 작은 크리스털 잔에 그것을 따라 주었습니다.

나는 내 의자에서 내려왔습니다.

"알겠어요, 그런데 이거 아세요? 제 생각에 저는 그냥 여기 서서 먹지 않을래요. 안 그러면 제가 또다시 뭔가를 흘릴지도 몰라요." 내가 말했습니다.

할머니는 나를 보고 또 보았습니다.

그런 다음 그녀는 부엌으로 들어가서 나에게 바나나 한 개를 가져다주었습니다.

"자. 이거 먹으렴." 그녀가 살짝 더 상냥하게 말했습니다.

나는 미소 지었습니다.

그리고 나서 나는 내 바나나를 아주 조심스럽게 먹었습니다.

그리고 나는 한 조각도 흘리지 않았습니다.

엄마는 나를 9시에 데리러 왔습니다.

그녀는 나를 데려가려고 할머니의 크고, 아름다운 집 안으로 들어왔습니다.

"어머나! 여기 할머님 집이 너무 예쁘네요." 그녀가 할머니에게 말했습니다.

그런 다음 엄마는 예쁜 꽃이 든 큰 화분으로 걸어갔습니다. 그리고 그녀는 그 아름다운 꽃들의 냄새를 맡으려 했습니다.

"안 돼요! 하지 마요! 아마 그 꽃들은 그냥 보여 주기용일 거예요." 내가 소리쳤습니다.

그 후, 나는 내 친구들에게 작별 인사를 했습니다. 그리고 나는 할머니에게 고맙다고 했습니다. 그리고 나는 빠르게 엄마를 그 집에서 데리고 나왔습니다. 그렇지 않으면 엄마가 무언가를 깨뜨릴지도 모르니까요, 그래서 그렇죠.

나는 계단을 뛰어 내려가 내 차에 탔습니다. 그리고 나서 나는 내 손으로 뒷좌석을 문질렀습니다.

그것은 할머니 차의 뒷좌석만큼 부드럽지는 않았습니다.

나는 매우 안심하며 미소 지었습니다.

"돌아오니 좋아요." 내가 말했습니다.

엄마는 기다란 진입로를 따라 운전했습니다.

내 배가 아주 큰 소리로 꼬르륵거렸습니다.

"그거 알아요? 내 배는 아직도 아침밥을 원해요. 왜냐면 나는 사실 오늘 아침에 많이 먹지 못했거든요." 내가 말했습니다.

엄마가 웃었습니다.

"정말이지, 주니 B. 네 배는 밑 빠진 독이구나." 그녀가 말했습니다.

바로 그때, 또 다른 훌륭한 생각이 내 머릿속에 떠올랐습니다!

"엄마! 저기요, 엄마! 어쩌면 엄마랑

내가 밀러 할머니(Grandma Miller) 집에 아침을 먹으러 들를 수도 있겠어요! 왜냐면 할머니는 일요일 아침마다 블루베리 팬케이크를 준비하니까요! 그리고 블루베리 팬케이크는 내가 온 세상 통틀어서 제일 좋아하는 아침이에요!"

엄마는 내 제안에 대해 생각했습니다.

그러고 나서 갑자기, 그녀는 차를 돌렸습니다. 그리고 우리는 나의 밀러 할머니의 집으로 운전해서 갔습니다. 그리고 우리는 블루베리 팬케이크를 먹을 시간에 딱 맞추어 도착했죠!

우리는 그 맛있는 것을 백만조 개나 먹었습니다!

그리고 또 나는 플라스틱 잔으로 오렌지 주스를 마셨습니다!

"만세!" 내가 말했습니다. "플라스틱 만세!"

그런 다음 나와 밀러 할머니는 껴안고 또 껴안았습니다.

그리고 또 이거 알아요?

내 생각에 나는 내 평범한 할머니가 아주 딱 좋은 것 같습니다.

Chapter 1

1. D Today that big gold Cattle Act was driving right next to the school bus! I banged on my window very excited. "LUCILLE! HEY, LUCILLE! IT'S ME! IT'S JUNIE B. JONES! I AM RIGHT NEXT TO YOU ON THE SCHOOL BUS! SEE ME? SEE ME, LUCILLE? I AM BANGING ON MY WINDOW VERY EXCITED!"

2. C "Lucille's nanna is very, very rich," I said. "She owns a big, giant house with a million rooms in it. And she lets Lucille's whole entire family live there. 'Cause it is way too big for just one nanna."

3. A "My nanna just owns a plain, old, regular house, and that's it." That Grace did a sad sigh. "My nanna just owns a condo in Florida," she said. Then me and that Grace looked at each other very glum. "Our nannas are losers," I said.

4. B "These seats are ooo-la-la, Nanna," I said. Lucille looked grouchy at me. "Don't call her nanna! She's my nanna! Not your nanna!"

5. A The nanna did a loud hoot of laughing. "Hey! You are the friendliest nanna I ever saw!" I said. "And so maybe me and Grace can come see your richie house sometime." Lucille's nanna did another loud hoot.

Chapter 2

1. A Lucille pushed my hand away. I tickled her under the chin very friendly. "Coochie-coochie-coo," I said real fun. Lucille turned her back to me. I swinged her ponytail. "Swingy, swingy, swingy," I sang. Just then, Lucille springed out of her chair. "STOP TOUCHING ME!" she hollered right in my face.

2. B Mrs. looked funny at me. "I think you mean conversation, Junie B.," she said. Conservation is when people save something." I tapped on my chin very thinking. Then all of a sudden, I jumped up real excited. "Yeah, only I do, Mrs.! I do save something!" I said. "I save that Grace a seat on the bus!" I shouted across the room. "GRACE! HEY, GRACE! TELL MRS. HOW I SAVE YOU A SEAT ON THE BUS! 'CAUSE SHE THINKS I DON'T KNOW MY WORDS,

APPARENTLY!" That Grace shouted back. "SHE DOES, TEACHER! JUNIE B. SAVES ME A SEAT ON THE BUS EVERY SINGLE DAY!"

3. D Lucille stamped her foot. "Yes, you did! You ruined everything! I was begging my nanna for a little white poodle! And she was almost going to say yes! And then you guys got in my back seat! And now everything is ruined!"

4. B Just then, I smiled real big. 'Cause a great idea popped in my head, that's why! It came right out of thin hair! "Lucille! Hey, Lucille! Maybe me and Grace can come to your nanna's house! And we can help you beg for a poodle!" I danced all around. "And here is another great idea! Maybe we can even spend the night, possibly! 'Cause me and Grace never even saw a richie house before! Plus that way we can beg for your poodle the whole entire evening!"

5. C Lucille thought and thought. "Hmm. I don't know about Saturday," she said. "My mommy and daddy and brother are going away for the weekend. So it's just going to be my nanna and me." I jumped up and down. "Hurray!" I said. "That will work out even better! 'Cause now we can beg your nanna with positively no interruptions!"

Chapter 3

1. C I zoomed into my baby brother Ollie's room. "HEY, OLLIE! I'M SPENDIN' THE NIGHT! I'M SPENDIN' THE NIGHT! I'M SPENDIN' THE—"

2. C Mother raised her voice at me. "How many times, Junie B.? How many times have I told you to stay out of Ollie's room while he's sleeping? Huh? How many?"

3. D Mother tapped her angry foot. "We are not talking about Ricardo's father, Junie B. We are talking about going into Ollie's room while he's sleeping. And besides, I haven't said that you could spend the night at Lucille's. I want to talk it over with your father first."

4. A It was my Daddy! He was home from work! I runned to him like a speedy rocket. Then I hugged his leg, too. And he couldn't even shake me off. "I'll be good, Daddy! I promise! I promise! I promise!"

5. B   Then he and Mother bended down next to me. And they told me the rules of spending the night. They are: No running, no jumping, no shouting, no squealing, no hollering, no snooping, no spying, no arguing, no fighting, no cheating at games, no talking back to the nanna, no breaking other people's toys, no grumping, no crying, no fibbing, no tickling people when they say no, no staying up late, and absolutely no head-butting.

Chapter 4

1. C   Finally, I packed my stuffed elephant named Philip Johnny Bob. He looked up at me from inside the bag. Yeah, only here's the problem, he said. You're not actually supposed to put me in a plastic bag. 'Cause I could suffercate in this thing. My eyes got big and wide. "Oh no!" I said real upset. "I forgot about that!" That's how come I quick got my scissors and cut air holes for that guy.

2. B   I pulled Mother into my room and showed her my plastic bag. Mother shook her head. "Waaaay too much stuff," she said. Then she got a teeny suitcase from the shelf. And she packed my pajamas and my slippers and my robe and my toothbrush. After that, she got a sleeping bag from her closet. And she put my pillow on top of it. "There. That's all you'll need. You're all set," she said.

3. A   "OKIE DOKE! I'M GOING OUTSIDE NOW! JUNIE B. JONES IS GOING OUTSIDE TO GET IN THE CAR!" I shouted louder. Just then, Mother runned to get me. "No, Junie B.! No! I'm not taking you to Lucille's, remember? Lucille's nanna is picking you up at three o'clock. I told you that. I'm sure I did."

4. C   Then I sat on my front step. And I swinged on my swings. And I read some books. And I ate a cheese sandwich. And I counted to a million bazillion. And I sat on my step some more.

5. D   The richie nanna got out of her car. I throwed my arms around her. "HELLO, NANNA! HELLO! HELLO! I HAVE BEEN WAITING FOR YOU THE WHOLE LIVELONG DAY!"

Chapter 5

1. D The nanna's mouth came all the way open. "Ohhhh. So that's what this is all about, huh? Well, my granddaughter knows perfectly well that I am allergic to dogs. So you can tell Lucille that a poodle is out of the question, I'm afraid."

2. B After that, she took our hands and showed us all the rooms in her house. She showed us the living room. And the dining room. And the kitchen. And the big giant patio. And the daddy's office. And the mother's office. And the family room. And the pool room where you play pool. And the outside pool where you swim. And the hot tub. And the library. And the gym. And the nanna's room. And the mother and daddy's room. And the fancy gold bathroom with the Jacuzzi. And the brother's room. And a whole, whole bunch of guest rooms. Then finally, Lucille showed us her very own bedroom!

3. C She pointed to the corner. "And did you notice all of my big stuffed animals standing over there?" she asked. My eyes popped out at those giant guys. The giraffe was bigger than me even! Me and that Grace ran to play with them. "NO! STOP! DON'T!" shouted Lucille. "YOU'RE NOT ALLOWED TO TOUCH THEM! THEY ARE JUST FOR SHOW!"

4. A Lucille's nanna came in the room! And she was carrying a big box of dress-up clothes! "I thought you little gals might have fun with some of my old evening gowns," she said real nice.

5. D "I love this, Nanna! I love this old feather boa!" Just then, another great idea popped in my brain. "Hey! I know! I will be the famous singer that sings at Cinderella's ball!"

Chapter 6

1. A Only too bad for me. 'Cause nobody even told me that crystal glasses were very heavy. And so when I picked up my glass, it slipped right out of my hand. And it fell on the floor! And it broke into lots of pieces!

2. B Lucille didn't even get in bed. She kept twirling all around in her pink satin nightgown. "This is how models twirl," she said. "They twirl so you can

see their fronts and their backs." Lucille wouldn't stop twirling.

3. C Just then, Lucille's face did a sneaky smile. "Want to bounce?" she said real soft. "Want to really, really bounce?" She tippy-toed to her door and looked down the hall. "Come on," she whispered. "Follow me." I grabbed Philip Johnny Bob and followed after Lucille and that Grace. We tippy-toed down the hall and around the corner. Then Lucille opened the door to a big guest room. And there was a giant bed in that place! "See it!" she said. "See how huge that bed is? My nanna had it specially made in case we have tall company!"

4. C "STOP JUMPING, I SAID! 'CAUSE I AM NOT ALLOWED TO JUMP! AND YOU GUYS SHOULDN'T JUMP, TOO!" Grace springed way high in the air. "Who's jumping? I'm not jumping," she said. She giggled very silly. "I'm bouncing!" Just then, my whole face got happy. I hugged and hugged that girl. 'Cause Mother and Daddy didn't say I couldn't bounce! After that, I bounced and bounced and bounced.

5. D Only just then, a mistake happened. 'Cause I didn't even know there was a rip in my plumpery pillow. And so the next time I hit Grace, all of my feathers exploded out of it! There was a million bazillion of those floaty things. They filled the whole air, practically.

Chapter 7

1. C "Not one more peep out of you girls," said the nanna very grouchy. "Do you hear me? Not one more peep."

2. A All of a sudden, I heard a teeny voice. "Peep!" it said. "Peep, peep, peep!" It was Lucille. Me and that Grace giggled out loud at her. "Peep," said that Grace. "Peep," I said. Peep, said Philip Johnny Bob. Then pretty soon, all of us were peeping all over the place.

3. D Lucille kept on peeping louder and louder and louder. "PEEP! PEEP! PEEP!" she said. Also, she was giggling very hard.

4. B Finally, me and that Grace sat up in our sleeping bags. We stared at that girl. "Lucille is peeping out of control," said that Grace. "Maybe she is overly

tired," I said. "Overly tired makes your brain go silly."

5. D Just then, Lucille's nanna opened the door again. "SILENCE!" she yelled real scary. Shivers came on my skin. Then all of us quick crawled under our covers again. And we closed our eyes. And we didn't say another peep.

Chapter 8

1. B I tapped on the nanna's hand. "Yeah, only here's the problem. I think I would like to have a plastic cereal bowl. 'Cause plastic is more my style." The nanna rolled her eyes way up at the ceiling. I looked up there, too. But I didn't see anything. "I don't own any plastic cereal bowls," she said.

2. C I got down from my chair. "Yeah, only guess what? I think I will just stand here and not eat. Or else I might spill something again," I said. The nanna looked and looked at me. Then she went into the kitchen and she brought me back a banana. "Here. Try this," she said kind of nicer.

3. A Then Mother walked to the big bowl of beautiful flowers. And she tried to smell those lovely things. "NO! DON'T! THEY ARE JUST FOR SHOW PROBABLY!" I hollered. After that, I said good-bye to my friends. And I thanked the nanna. And I quick pulled Mother out of that house. Or else she might break something, that's why.

4. D I runned down the steps and got in my car. Then I rubbed my hand on the backseat. It was not as soft as the nanna's backseat. I smiled very relieved. "It's good to be back," I said.

5. B "Mother! Hey, Mother! Maybe you and me can stop at Grandma Miller's for breakfast! 'Cause she fixes blueberry pancakes every Sunday morning! And blueberry pancakes is my favorite breakfast in the whole entire world!"

파티광 주니 B. 존스
(Junie B. Jones Is a Party Animal)

초판 발행   2022년 9월 1일

지은이   Barbara Park
편집   김지혜 박새미
콘텐츠제작및감수   롱테일북스 편집부
번역   기나현
저작권   김보경
마케팅   김보미 정경훈

기획   김승규
펴낸이   이수영
펴낸곳   롱테일북스
출판등록   제2015-000191호
주소   04033 서울특별시 마포구 양화로 113(서교동) 3층
전자메일   helper@longtailbooks.co.kr
(학원·학교에서 본 도서를 교재로 사용하길 원하시는 경우 전자메일로 문의주시면
자세한 안내를 받으실 수 있습니다.)

ISBN 979-11-91343-17-5 14740